AVERTISSEMENT.

IL seroit fort surprenant que ce Testament Politique du Cardinal de Richelieu, eût pû demeurer caché si long-temps, si son Importance & l'Usage auquel il l'avoit destiné, ne donnoient à connoître qu'il n'avoit pas intention qu'on le manifestât. Mais comme les Mystéres ne vivent ordinairement qu'un certain âge, & qu'il n'est pas possible que des Ecrits de cette nature ne se confient à des Gens peu discrets, il n'y a pas lieu de s'étonner, s'ils tombent enfin en des mains libérales, qui sont bien-aises d'en faire part à tout le Monde.

Ce seroit faire tort au Jugement du Public, de s'imaginer qu'il pût méconnoître cet Ouvrage, & quoi que l'on ne puisse être trop circonspect pour ne se point prévenir faussement; Il est impossible aprés avoir lû celui-cy, de n'y pas appercevoir tous les Caractéres de l'Esprit de ce Grand Homme. L'Elévation & la Beauté de son Génie, le plus grand & le plus vaste qui se soit vû depuis long-temps, joint à la Noblesse de ses Expressions, se rencontrent entiérement ici; mais outre cela

quelle

quelle diversité de matiéres n'y trouve-t-on pas ? Elles sont toutes traitées avec tant de solidité, que l'on voit bien qu'il les connoissoit par une profonde Méditation soûtenuë d'une expérience consommée; & qu'il étoit seul capable de les mettre au jour.

Si l'on prend un extrême plaisir à lire dans les meilleurs Auteurs, les Refléxions & les Préceptes Politiques qu'ils donnent sur les principaux Evénémens qu'ils racontent; il se trouve bien diminué; quand on considére que la plûpart ne raisonnent qu'aprés coup, & dans le Cabinet; & qu'ils seroient eux-mêmes bien empêchez à se démêler de la moindre Négociation, ou de la moindre Intrigue épineuſe.

Mais il n'en eſt pas de même de ce Teſtament Politique. C'eſt un Favori & un Premier Miniſtre d'Etat, qui a gouverné plus de 25. ans l'un des plus conſidérables Royaumes de l'Europe ; qui l'a guidé ; & pour ainſi dire, l'a tenu par la main dans les premiers pas de ſon Agrandiſſement ; qui ne preſcrit aucun Conſeil, qu'il ne l'ait mis lui-même en Pratique pluſieurs fois ; & qui enfin par ſa Fermeté & par ſon Courage a ſurmonté une infinité d'Obſtacles & d'Intrigues, qui auroient accablé tout autre que lui.

Il n'y eut donc jamais Ouvrage

vrage plus utile à ceux qui ſont appellez au maniement des grandes Affaires. Les Rois, les Princes, les Favoris, les Miniſtres, les Conſeillers d'Etat, les Eccléſiaſtiques, les Nobles, les Magiſtrats, les Courtiſans, enfin toutes ſortes de Perſonnes trouvent ici un amas d'Inſtructions d'un prix ineſtimable.

Ce n'eſt pas que cet Ouvrage ſoit dans l'état où il ſeroit ſans doute, s'il eût pû le repaſſer avec quelque loiſir; mais quoi qu'on y découvre quelques Négligences, & des Expreſſions moins heureuſes que les autres; néanmoins toutes ces Parties compoſent un ſi beau Corps,

 que

que ces petits défauts ne doivent être considerez que comme les endroits de ces beaux Tableaux, lesquels quoi que négligez, font cependant connoître l'habileté de l'Artisan.

Ce seroit une témérité extraordinaire de vouloir par des paroles relever l'excellence d'un Ouvrage, qui se soûtient si bien par lui-même, & qui est infiniment au dessus de tous les Eloges qu'on lui voudroit donner. La lecture d'un seul Chapitre en fera beaucoup plus comprendre que tout ce qu'on en pourroit dire.

Quant à cette Edition, elle a été faite sur un Manuscrit, qui paroit au moins de trente ans ; & qui a été écrit avec beaucoup de précipitation ; étant de deux différentes mains, sans rature, mais ayant beaucoup de fautes ; Quelques-unes ont été rétablies ; & l'on a mieux aimé laisser les autres, crainte de donner un sens éloigné de celui de l'Auteur. Comme il n'est pas possible que la Copie dont on s'est servi, soit la seule qui ait été faite, on supplie ceux qui en auront une meilleure, & qui appercevront quelques fautes capitales ; d'en vouloir faire part, afin qu'on les corrige dans une autre Edition.

Il n'y a pas jusqu'à la Table qui ne paroisse avoir été faite par le Cardinal de Richelieu lui-même ; comme il étoit extrêmement Méthodique, peut-être a-t-il commencé ſon Ouvrage par cette Table, afin que les Matiéres n'anticipaſſent pas les unes ſur les autres.

On ſera ſans doute ſurpris du Tître du premier Chapitre, qui parle de la Paix Générale, & dont il vouloit marquer l'année qu'il a laiſſée en blanc, puiſque pour lors il n'y eût point de Paix Générale. Mais on a voulu ſuivre en cela le Manuſcrit, & c'étoit apparemment ſon deſſein d'y parvenir, & de conclurre par là le recit des grandes Actions du Roi ſon Maître.

Pour le temps auquel cet Ou-

Ouvrage a été fait, il est à présumer qu'il y a travaillé à diverses reprises. Dans le premier Chapitre il conduit le recit des Actions du Roi jusques en 1638. Cependant en d'autres endroits il paroit qu'il écrivoit en 1635. puis qu'il ne donne alors au Roi que vingt-cinq ans de Régne. On peut douter aussi, si ce qu'il a écrit sur les Jesuites, est avant ou aprés les Intrigues que le Pere Caussin Confesseur du Roi, & le Pere Monod Confesseur de la Duchesse de Savoye, firent pour l'éloigner de la Cour, ce qui leur pensa réüssir. Que s'il a écrit ce Chapitre aprés qu'il eût dissipé cette Intrigue, on ne sçauroit

roit trop admirer la Modération qu'il a eue d'en parler si sobrement ; & s'il l'a écrit auparavant, on ne peut que le louer beaucoup, d'avoir laissé son Ouvrage dans son premier état, & de n'y avoir pas fait paroître plus de marques de ressentiment.

Ce qui semblera de plus surprenant, c'est que dans tout ce Testament Politique, il ne parle point de la Naissance du Roi, aujourd'hui Régnant ; d'où l'on peut inférer qu'il étoit fait auparavant, cet Evénement étant trop considérable, pour avoir oublié d'en parler.

Il faut considérer d'ailleurs, que long-temps avant sa mort il n'écrivoit plus, à cause de l'inl'incommodité qu'il avoit au bras, étant obligé de dicter toutes ses Dépêches; & comme apparemment il n'a pas voulu faire écrire son Testament Politique par une autre main, il ne s'est plus trouvé en état d'y travailler lui-même, & c'est ce qui peut avoir causé cette obmission.

Toutes les Notes qui se trouvent dans cette Edition sont du Manuscrit; Mais s'il y a jamais eu d'Ouvrage qui méritât d'être enrichi de Remarques, on peut dire que c'est celui-cy. L'Histoire, & les Mémoires de ce Grand Homme, en fourniroient quantité; mais ce n'est pas encore assez, il faudroit quel-

quelque chose de plus particulier, & qui revelât plusieurs Intrigues de cette Cour, qui ne se sont pas divulguées, ce qui seroit d'un grand secours pour la connoissance de l'Histoire. Il y auroit encore des Remarques trés-utiles à faire sur l'état où la France se trouvoit alors, & sur celui où elle est parvenuë depuis: En quoi l'on peut avoir suivi les Conseils & les Maximes de ce Grand Ministre, & en quoi l'on s'en est écarté, & plusieurs autres Remarques de cette nature, non seulement curieuses, mais importantes. Si l'on se veut donner la peine de faire part de toutes ces choses, on les

com-

communiquera volontiers au Public dans une autre Edition, qui sera beaucoup plus parfaite & plus belle que celle-ci, qui répondra à l'Importance d'un Ouvrage si admirable.

TABLE DES CHAPITRES DE LA PREMIERE PARTIE.

TABLE DES CHAPITRES DE LA SECONDE PARTIE.

ce

TESTA-

TESTAMENT POLITIQUE DU CARDINAL DUC DE RICHELIEU.

AU ROY.

SIRE,

Aussi-tôt qu'il a plû à VÔTRE MAJESTE', me donner part au maniement de ses Affaires, je me proposai de n'oublier aucune chose qui pût dépendre de mon industrie, pour faciliter les grands Desseins qu'Elle avoit aussi utiles à cet Etat, que glorieux à sa Personne.

Dieu ayant beni mes intentions jusques à tel point, que la vertu & le bonheur de V. M. qui ont étonné le Siécle présent, & seront en admiration à ceux de l'avenir. J'estimai que les glorieux

Contraste insuffisant

NF Z 43-120-14

Succez qui lui sont arrivez m'obligeoient à lui faire son Histoire, tant pour empêcher que beaucoup de circonstances dignes de ne mourir jamais dans la mémoire des hommes, ne fussent ensevelies dans l'oubli par l'ignorance de ceux qui ne les peuvent savoir comme moi, qu'afin que le passé servît de régle à l'avenir. Peu de tems aprés avoir eû cette pensée, je me mis à y travailler, croyant que je ne pouvois commencer trop tôt, ce que je ne devois finir qu'avec ma vie.

J'amassai non seulement avec soin la matiére d'un tel Ouvrage, mais qui plus est, j'en reduisis une partie en ordre, & mis le cours de quelques années quasi en l'état auquel je prétendois le mettre au jour.

J'avouë qu'encore qu'il y ait plus de contentement à fournir la matiére de l'Histoire qu'à lui donner la forme; ce ne m'étoit pas peu de plaisir de représenter ce qui ne s'étoit fait qu'avec peine.

Comme je goûtois la douceur de ce travail, les maladies & les continuelles incommoditez ausquelles la foiblesse de ma compléxion s'est trouvée sujette, jointe au faix des Affaires, me contraignirent de l'abandonner, pour être de trop longue haleine. Etant

Etant reduit à cette extrêmité de ne pouvoir faire en ce ſujet, ce que je déſirois avec paſſion pour la gloire de vôtre Perſonne, & pour l'avantage de vôtre Etat; j'ai crû qu'au moins je ne pouvois me diſpenſer de laiſſer à V. M. quelques Mémoires de ce que j'eſtime le plus important pour le Gouvernement de ce Royaume, ſans en être reſponſable devant Dieu.

Deux choſes m'obligent à entreprendre cet Ouvrage. La premiére eſt la crainte & le déſir que j'ai de finir mes jours avant que le cours des vôtres ſe termine.

La ſeconde eſt la fidéle paſſion que j'ai pour les Interêts de V. M. laquelle me fait non-ſeulement déſirer de la voir comblée de proſpérité durant ma vie, mais me fait encore ſouhaiter ardemment d'avoir lieu d'en pouvoir voir la continuation, lorſque le tribut inévitable que chacun doit payer à la Nature, m'empêchera d'en pouvoir être le Témoin.

Cette Piéce verra le jour ſous le titre de mon Teſtament Politique; parce qu'elle eſt faite pour ſervir aprés ma mort, à la Police & à la conduite de vôtre Royaume, ſi V. M. l'en juge digne. Parce qu'elle contiendra mes derniers dé-

désirs à cet égard ; & qu'en vous la laissant, je consigne à V. M. tout ce que je lui puis léguer de meilleur, quand il plaira à Dieu m'appeller de cette vie.

Elle sera conçûë en termes les plus courts, & les plus nets qu'il me sera possible, tant pour suivre mon génie & ma façon d'écrire ordinaire, que pour m'accommoder à l'humeur de V. M. qui a toûjours aimé qu'on vint au point en peu de mots, & qui fait autant d'état de la substance des choses, qu'Elle appréhende les longs discours dont la plûpart des hommes se servent pour les exprimer.

Si mon Ombre qui paroîtra dans ces Mémoires, peut aprés ma mort contribuer quelque chose au Réglement de ce grand Etat, au Maniement duquel il vous a plû me donner plus de part que je n'en mérite ; je m'estimerai extrêmement heureux.

Pour parvenir à cette fin, jugeant avec raison que le succez qu'il a plû à Dieu donner par le passé aux Résolutions que V. M. a prises avec ses plus fidéles Créatures, est un tres-puissant motif pour la convier à suivre les Avis que je lui veux donner pour l'avenir. Je commencerai cet Ouvrage, en lui mettant devant les yeux un Tableau racourci de ses grandes Actions passés, qui la comblent

de

de gloire, & peuvent être dites à trés-juste titre, le Fondement solide de la félicité future de son Royaume.

Ce raport sera fait avec tant de sincérité au jugement de ceux qui sont fidéles Témoins de l'Histoire de vôtre Tems, qu'il donnera lieu de croire à tout le Monde, que les Conseils que je donne à V. M. n'auront autre motif que les Interêts de l'Etat, & l'avantage de vôtre Personne, de laquelle je serai éternellement,

SIRE,

Trés-humble, trés fidéle, trés-obéïssant, trés passionné, & trés-obligé Sujet & Serviteur,
ARMAND DU PLESSIS.

PREMIERE PARTIE

CHAPITRE PREMIER.

Succinte Narration de toutes les grandes Actions du Roi, jusqu'à la Paix, faite en l'an . . . . .

LORS que VÔTRE MAJESTE' se résolut de me donner en même tems & l'entrée de ses Conseils, & grande part en sa confiance pour la direction de ses Affaires; je puis dire avec verité que les Hugenots partageoient l'Etat avec elle; que les Grands se conduisoient comme s'ils n'eussent pas été ses Sujets, & les plus puissans Gouverneurs des Provinces, comme s'ils eussent été Souverains en leurs Charges.

Je puis dire que le mauvais exemple des uns & des autres étoit si préjudiciable

ble à ce Royaume, que les Compagnies les plus réglées se sentoient de leur déréglement, & diminuoient en certains cas vôtre legitime Autorité, autant qu'il leur étoit possible, pour porter la leur au de là des termes de la raison.

Je puis dire que chacun mesuroit son mérite par son audace; qu'au lieu d'estimer les bien-faits qu'ils recevoient de V. M. par leur propre prix, ils n'en faisoient cas qu'autant qu'ils étoient proportionnez au déréglement de leur fantaisie; & que les plus entreprenans étoient estimez les plus sages, & se trouvoient souvent les plus heureux.

Je puis encore dire que les Alliances Etrangéres étoient méprisées; les Intérêts particuliers préférez aux Publics; en un mot la dignité de la Majesté Royale étoit tellement ravallée, & si differente de ce qu'elle devoit être, par le défaut de ceux qui avoient lors la principale conduite de vos Affaires, qu'il étoit presque impossible de la reconnoître.

On ne pouvoit tolérer plus longtems le Procedé de ceux à qui V. M. avoit confié le Timon de son Etat, sans tout perdre; & d'autre part on ne pouvoit aussi le changer tout d'un coup,

 sans

sans violer les Loix de la prudence, qui ne permet pas qu'on passe d'une extrémité à l'autre, sans milieu.

Le mauvais état de vos Affaires sembloit vous contraindre à des résolutions précipitées, sans élection de tems & de moyens; & cependant il faloit faire choix en tous les deux, pour tirer profit du changement que la nécessité exigeoit de vôtre Prudence.

Les meilleurs Esprits n'estimoient pas qu'on pût passer sans naufrage tous les écueils qui paroissoient en un tems si peu asseuré; la Cour étoit pleine de gens qui blâmoient déja de témérité ceux qui voudroient l'entreprendre; & tous sçachans que les Princes sont faciles à imputer à ceux qui sont prés d'eux, les mauvais succez des choses qui leur ont été bien conseillées; si peu de gens se promettoient un bon événement du changement qu'on publioit que je voulois faire, que beaucoup tenoient ma chûte asseurée, avant même que V. M. m'eût élevé.

Nonobstant toutes ces difficultez que je représentai à V. M. connoissant ce que peuvent les Rois, lors qu'ils usent bien de leur puissance, j'osai vous promettre, sans témérité, à mon avis, que vous trouveriez de vôtre Etat, & que dans

dans peu de tems vôtre prudence, vôtre force, & la bénédiction de Dieu donneroient cette nouvelle face à ce Royaume.

Je lui promis d'employer toute mon industrie, & toute l'autorité qu'il lui plaisoit me donner pour ruiner le Parti Huguenot, rabaisser l'orgueil des Grands, reduire tous ses Sujets en leur devoir, & relever son Nom dans les Nations Etrangéres, au point où il devoit être.

Je lui representai que pour parvenir à une si heureuse fin, sa confiance m'étoit tout-à-fait nécessaire; & que bien que par le passé tous ceux qui l'avoient servie n'eussent point estimé de meilleur & de plus seur moyen pour l'acquerir & pour la conserver, que d'en éloigner la Reine sa Mére, je prendrois un chemin tout contraire, & n'obmettrois aucune chose qui dépendît de moi, pour maintenir V. M. en une étroite union, importante à leur reputation & avantageuse au bien du Royaume.

Ainsi que le Succez qui a suivi les bonnes intentions qu'il a plû à Dieu me donner pour le Réglement de cet Etat, justifiera aux Siécles à venir la fermeté avec laquelle j'ai constamment poursuivi ce Dessein; aussi V. M. sera-t-elle fidéle Témoin, que je n'ai rien oublié de ce que j'ai pû pour empêcher que l'artifice de beaucoup de mauvais Esprits ne fût assés puissant pour diviser ce qui étant uni par nature, devoit aussi l'être par la grace. Si aprés avoir heureusement resisté plusieurs années à leurs divers efforts, leur malice a enfin prévalu; ce m'est une extrême consolation qu'on ait souvent oüi sortir de la bouche de V. M. que lors que je pensois le plus à la Grandeur de la Reine sa Mére, elle travailloit à ma ruine.

Je remets à éclaircir cette matiére en un autre lieu, pour m'attacher présentement à mon Sujet, & ne rompre pas l'ordre que je dois garder en cet Ouvrage.

Les Huguenots qui n'ont jamais perdu aucune occasion d'augmenter leur Parti, ayant surpris en 1624. certains Vaisseaux que le Duc de Nevers préparoit contre le Turc; firent en suite un Armement trés-puissant contre Vôtre Majesté.

Bien que le soin de la Marine eût été jusqu'alors tellement abandonné qu'elle n'eût pas un seul Vaisseau, Elle se conduisit avec tant d'adresse & de courage, qu'avec ceux qu'elle put ramasser de ses Sujets, 20. de Hollande, & 7. Roberges

berges d'Angleterre, Elle défit l'Armée que les Rochelois avoient mis en Mer. Ce qui arriva avec d'autant plus de merveille & de bonheur; qu'elle tira cet effet avantageux d'un secours, qui ne lui avoit été donné que pour la servir en apparence.

Elle prit par même moyen l'Isle de Ré dont les Rochelois s'étoient injustement dés long tems emparez; Elle mit en déroute 4. à 5. mille hommes qu'ils y avoient fait entrer pour la défendre; & contraignit Sousbize qui en étoit le Chef de s'enfuir en Oleron; d'où ses Amis ne le chasserent pas seulement, mais même hors du Royaume.

Cet heureux Succez reduisant ces Armes rebelles à une Paix si glorieuse pour V. M. que les plus difficiles à contenter en furent fort satisfaits, & tous avoüérent qu'il ne s'en étoit point encore fait de pareille.

Les Rois vos Prédécesseurs avoient par le passé plûtôt reçû que donné la Paix à leurs Sujets; quoi qu'ils ne fussent divertis d'aucune Guerre, ils perdoient en tous les Traitez qu'ils faisoient avec eux; & bien que V. M. eût en ce tems-là beaucoup d'autres occupations, elle la donna lors en se reservant le Fort-Loüis, comme une Citadelle à la Rochelle ; & les Isles de Ré, & d'Oleron, comme deux autres Places, qui n'en formoient pas une mauvaise circonvallation.

Au même tems V. M. garentit le Duc de Savoye de l'oppression des Espagnols, qui l'avoient attaqué ouvertement ; & bien qu'ils eussent une des grandes Armées qu'on ait vû de longtems en Italie, & qu'elle fût commandée par le Duc de Feria, Homme de tête ; elle les empécha de prendre Veruë, dont vos Armes jointes avec celles du Duc de Savoye, soûtinrent le Siége avec tant de gloire, qu'ils furent enfin contraints de le lever avec honte.

Les Espagnols s'étant peu aprés rendus Maîtres de tous les Passages des Grisons, & ayant fortifié les meilleurs Postes de toutes leurs Vallées, V. M. ne pouvant par une simple Négociation délivrer ses Anciens Alliez de cette invasion, en laquelle ces injustes Usurpateurs s'affermissoient d'autant plus aisément, que le Pape les favorisoit sous la vaine esperance qu'ils lui donnerent de procurer quelques avantages à la Religion, fit par la force de ses Armes ce qu'Elle n'avoit pû obtenir par celle de la Raison.

Elle

Elle eût par ce moyen affranchi pour jamais cette Nation de la Tyrannie de la Maison d'Autriche, si Fargis son Ambassadeur en Espagne n'eût à la sollicitation du Cardinal de Berulle, fait (ainsi qu'il l'a confessé depuis) sans vôtre sçû, & contre les Ordres exprez de V. M. un Traité fort desavantageux, auquel vous adhérâtes enfin, pour plaire au Pape, qui prétendoit être aucunement intéressé dans cette affaire.

Le Feu Roi vôtre Pére, d'immortelle mémoire, ayant fait dessein de marier une de Mesdames vos Sœurs en Angleterre, les Espagnols estimérent devoir troubler un tel Projet, & se mirent en tête d'y marier une de leurs Infantes. Le Traité en étant conclu, le Prince de Galles fut si mal conseillé qu'il voulut bien se commettre à la discrétion d'un Prince, qui étant Maître de sa Personne lui pouvoit donner telle Loi que bon lui sembleroit, & passa inconnu par la France pour l'aller épouser en Espagne.

Aussi-tôt qu'on en eût eu avis on negotia de telle sorte, que nonobstant les honneurs indicibles qui lui furent rendus en cette Cour, où le Roi lui donna toûjours la main droite, bien qu'il qu'il n'eût pas lors la Couronne sur la tête, le Mariage se rompit ; & peu de tems aprés, celui de France se traita, se conclut & s'accomplit, avec des Conditions trois fois plus avantageuses pour la Religion, que celles qu'on avoit projetté de proposer du tems du Feu Roi.

Peu de tems aprés il se forma des Caballes puissantes dans la Cour ; ceux qui avoient lors la conduite de Monsieur vôtre Frére l'y embarquerent, autant que son âge l'en rendoit capable.

Etant contraint de dire à mon grand regret qu'une Personne de la plus grande considération, s'y trouva insensiblement engagée avec plusieurs autres qui fomentoient & suivoient ses passions. Je ne puis omettre le mérite que vous acquîtes devant DIEU & devant les Hommes, en supprimant l'éclat qu'eût eu sa conduite peu prudente, si vous n'eussiez sagement dissimulé ce que vous pouviez réprimer, avec autant de seureté que de raison.

Les Anglois se portérent aveuglément dans ces Caballes ; beaucoup de Grands du Royaume s'y mirent bien avant ; le Duc de Rohan & le Parti Huguenot devoient faire la Guerre au dedans, au au même tems que les Anglois attaqueroient avec une puissante Armée Navale les Isles & les Côtes de cet Etat.

La Partie sembloit si bien faite, que peu croyoient qu'on pût resister à la force des Conjurez. Cependant la prise du Colonel Dornano, du Duc de Vandôme, & du Grand Prieur; le châtiment de Chalais, & l'éloignement de quelques Princesses dissiperent en sorte cette Caballe, que tous les Desseins projettez dans la Cour contre V. M. furent dissipez & sans effet.

Comme ce ne fut pas sans grande bonté & sans prudence tout ensemble, que vous consentîtes à Nantes au Mariage de Monsieur vôtre Frére; la sincerité avec laquelle vos vrais Serviteurs prirent la hardiesse de vous représenter auparavant les inconveniens qui en pouvoient arriver, fut une preuve bien loyale de leur fidélité; & un témoignage bien assûré qu'ils n'avoient pas dessein de vous surprendre.

Dans tous ces Embarras qui sembloient affoiblir vôtre Puissance, rien ne vous put empêcher d'arrêter le cours des Duels que le châtiment des Sieurs Boutteville & des Chapelles. J'avoüe que mon Esprit ne fut jamais plus combatu

batu qu'en cette occaſion, où à peine pûs-je m'empêcher de céder à la compaſſion univerſelle que le malheur & la valeur de ces deux jeunes Gentilshommes imprimoit au cœur de tout le monde, aux priéres des Perſonnes les plus qualifiées de la Cour, & aux importunitez de mes plus proches Parens.

Les larmes de leurs Femmes me touchoient trés-ſenſiblement; mais les ruiſſeaux de ſang de vôtre Nobleſſe, qui ne pouvoient être arrêtez que par l'effuſion du leur, me donnerent la force de réſiſter à moi-même, & d'affermir V. M. à faire exécuter, pour l'utilité de ſon Etat, ce qui étoit quaſi contre le ſens de tout le monde, & contre mes ſentimens particuliers.

Ayant été tout-à-fait impoſſible d'arrêter le cours, & d'empêcher l'effet des grands Préparatifs que les Anglois avoient fait pour la Guerre, V. M. fût obligée de s'y oppoſer par la force.

Ces anciens Ennemis de l'Etat deſcendirent en Ré & y aſſiégerent le Fort de Saint Martin, au même tems que DIEU voulut affliger la France par la grande maladie, dont il lui plut vous viſiter à Ville-Roi.

Ce fâcheux Accident, & la mauvaise conduite que le Coigneux & Puy-Laurens voulurent de nouveau faire prendre à Monsieur n'empêchérent pas qu'on ne resistât par vôtre seule Ombre à tous les efforts de cette Nation belliqueuse. Et V. M. ne fut pas plûtôt guérie, qu'Elle secourut la Place qu'ils avoient assiégée, qu'Elle défit leur Armée par un Combat signalé sur Terre, qu'Elle chassa leurs Forces Navales de ses Côtes, & les contraignit de regagner leurs Ports.

Vous attaquâtes ensuite la Rochelle & la prîtes aprés le Siége d'un an de durée. Et V. M. se conduisit avec tant de prudence, que bien qu'Elle sçût que les Espagnols ne désiroient ni la prise particuliére de cette Place, ni en général la prospérité de ses Affaires, jugeant que la seule apparence de leur union lui pouvoit servir dans la reputation du monde, & qu'Elle ne feroit pas peu, si par un Traité Elle les empêchoit de se joindre aux Anglois, qui étoient lors ses Ennemis déclarez, Elle en passa un avec eux, qui produisit le seul effet qu'elle s'en étoit promis.

Les Espagnols qui n'avoient autre dessein que de vous donner de simples apparences, à l'ombre desquelles ils pussent en effet traverser les Desseins de V. M. & la prise de cette Ville, animérent autant qu'il leur fut possible les Anglois à la secourir. Et le Cardinal de la Cuéva leur promit à cette fin en termes exprés, que son Maître n'envoyeroit aucun secours à V. M. que lors qu'Elle n'en auroit plus de besoin, & qu'il le retireroit avant qu'il leur pût nuire. Ce qui fut si religieusement accompli, que Dom Federic Amiral d'Espagne qui étoit parti de la Courogne avec quatorze Vaisseaux, aprés avoir sçû la défaite des Anglois en Ré, ne voulut jamais demeurer à la Rochelle un seul jour, sur le bruit qui couroit qu'il venoit une nouvelle Flote pour secourir cette Place.

Cette asseurance donna l'audace aux Anglois d'en tenter par deux fois plus hardiment le secours, & la gloire à V. M. de la prendre par ses seules Forces à la veuë d'une puissante Armée Navale, qui aprés deux Combats inutiles eût la honte de se voir entiérement privée de ses fins.

Ainsi en même tems l'infidélité & les ruses de l'Espagne furent sans effet, & celles des Anglois surmontées d'un même coup.

Pen-

Pendant ce Siége les Espagnols attaquérent le Duc de Mantoüe en Italie ; ils prîrent expressément ce tems, croyant que V. M. ne le pourroit secourir.

Le Cardinal de Berule & le Garde des Sceaux de Marillac, conseilloient à V. M. d'abandonner ce pauvre Prince à l'injustice & à l'avidité insatiable de cette Nation ennemie du repos de la Chrêtienté, pour empêcher qu'elle ne le troublât ; le reste de Vôtre Conseil fut d'avis contraire ; tant parce que l'Espagne n'eût osé prendre une telle résolution incontient aprés avoir fait un Traité d'union entre les Anglois, que quand même elle eût pris un aussi mauvais Conseil, elle n'eût sçû arrêter le progrés de vos Desseins.

On lui représenta que c'étoit assez qu'Elle ne se déclarât point pour Monsieur le Duc de Mantoüe, pendant qu'Elle étoit attachée à ce grand Siége, & qu'Elle n'eût sçû faire davantage, sans commettre une bassesse indigne d'un grand Prince, qui n'y doit jamais consentir, quelque avantage qu'il en puisse tirer d'ailleurs.

Je commettrois un crime si je ne remarquois en cet endroit que V. M.

sui-

ſuivant les ſentimens de ſon cœur & ſa pratique ordinaire, prît en cette occaſion le meilleur & le plus honorable Parti, qui fut ſuivi d'un Succez ſi heureux, que peu de tems aprés la Rochelle fut priſe, & ſes Armes en état de ſecourir ce Prince injuſtement attaqué.

Bien que dés lors Monſieur Vôtre Frére, devenu Veuf un an aprés ſon Mariage, eût deſſein d'épouſer la Princeſſe Marie, il fut ſi mal conſeillé, qu'au lieu de favoriſer le Duc de Mantoue ſon Pére, il le traverſa plus que ſes propres Ennemis, en ſe ſéparant de V. M. & ſe retirant en Lorraine, lorſqu'il devoit s'unir étroitement avec Elle, pour rendre ſa puiſſance plus conſidérable.

Cette mauvaiſe conduite n'empécha pas V. M. de continuer le Voyage qu'Elle avoit entrepris pour un ſi glorieux deſſein, & Dieu le benit ſi viſiblement, qu'Elle ne fut pas plûtôt arrivée aux Alpes, qu'Elle en força les Paſſages dans le cœur de l'hiver, battit le Duc de Savoye aſſiſté des Eſpagnols; fit lever le Siége de Cazal, & contraignit tous ſes Ennemis de s'accommoder avec Elle.

Cette glorieuse Action qui établit la Paix en Italie ne fut pas si-tôt faite, que V.M. dont l'esprit & le cœur n'ont jamais trouvé le repos que dans le travail, passa sans relâche en Languedoc, où aprés avoir pris les Villes de Privas, & d'Alez par force, Elle reduisit par sa fermeté le reste du Parti Huguenot de tout son Royaume à l'obéissance, & donna par sa clémence la Paix à ceux qui avoient osé lui faire la Guerre, non en leur procurant des avantages préjudiciables à l'Etat, ainsi qu'on avoit fait par le passé; mais en chassant hors du Royaume celui qui étoit l'unique Chef d'un si malheureux Parti, & qui l'avoit toûjours fomenté.

Ce qui est de plus grande considération en une action si glorieuse, est que vous ruïnâtes absolument ce Parti, lorsque le Roi d'Espagne tâchoit de le relever & de l'affermir plus que jamais.

Il venoit fraîchement de faire un Traité avec le Duc de Rohan pour former en cet Etat un Corps d'Etats de Rebelles à Dieu & à V.M. tout ensemble, moyennant un milion qu'il lui devoit donner tous les ans, & dont par ce moyen il rendoit les Indes Tributaires à l'Enfer. Mais ces Projets furent sans effet: & au mê même tems qu'il eût le déplaisir de savoir que celui qui de sa part étoit porteur d'un si glorieux établissement, étoit mort sur un Echafaut par Arrêt du Parlement de Tholoze, qui s'en trouva saisi; V. M. eut le contentement & l'avantage de pardonner à ceux qui ne se pouvoient plus deffendre, d'anéantir leur Faction, & de bien traiter leurs personnes lors qu'ils attendoient le châtiment des crimes qu'ils avoient commis.

Je sçai bien que l'Espagne pense se laver d'une action si noire, par le secours que Vous donniez aux Hollandois; mais cette défense est aussi mauvaise que leur cause.

Le sens commun fait connoître à tout le monde, qu'il y a bien de la différence entre la continuation d'un secours établi par un sujet légitime, si la deffense naturelle l'est, & un nouvel établissement manifestement contraire à la Religion & à la légitime Autorité que les Rois ont reçû du Ciel sur leurs Sujets.

Le Roi Vôtre Pére n'entra jamais en Traité avec les Hollandois, qu'aprés que le Roi d'Espagne eut formé une Ligue en ce Royaume pour usurper la Couronne.

Cette

Cette Verité est trop évidente pour pouvoir être revoquée en doute, & il n'y a pas de Theologien au monde, qui ne puisse dire, sans aller contre les principes de la lumiére naturelle, qu'ainsi que la nécessité oblige celui à qui on veut ôter la vie, de se servir de quelque secours que ce puisse être pour la garantir; aussi un Prince a-t-il droit de faire le même pour éviter la perte de son Etat.

Ce qui est libre en son commencement, devient quelque fois nécessaire dans la suite; Il n'y en a point aussi qui puissent trouver à redire à la liaison que V. M. entretient avec ces Peuples, non seulement en conséquence des Traitez du Feu Roi; mais de plus parce que l'Espagne ne pouvant n'être pas censée Ennemie de cet Etat, tandis qu'elle lui retiendra une partie de ses anciens Domaines; Il est clair que la cause qui a donné lieu à ces Traitez n'étant pas cessée, la continuation de l'effet est aussi légitime que nécessaire.

Or tant s'en faut que les Espagnols puissent prétendre être en pareils termes, qu'au contraire leurs desseins sont d'autant plus injustes; qu'au lieu de reparer les premiéres injures qu'ils ont faites à ce Royaume, ils les augmentent tous le jours.

De

De plus le Feu Roi ne s'est joint aux Hollandois, qu'aprés qu'ils ont été mis en corps d'Etat, & qu'il y a été contraint par l'oppréssion dont il ne pouvoit se garantir entiérement : Il n'a été cause ni de leur Revolte, ni de l'Union de leurs Provinces.

Et ce n'a pas été assez à l'Espagne de favoriser plusieurs fois les Revoltez des Huguenots contre vos Prédécesseurs. Elle a voulu les unir en Corps d'Etat dans le Vôtre : un saint zéle les a portez à vouloir être Auteurs d'un si bon établissement ; & ce qui est à remarquer, sans necessité, & partant sans raison ; si ce n'est que la continuation de leurs anciennes usurpations, & les nouvelles qu'ils ont dessein de faire, rectifient tellement leurs actions, que ce qui est défendu à tout le monde leur soit permis, à cause de leurs bonnes intentions.

Ayant traité plus au long cette matiére en un autre Ouvrage, je la quitte pour continuer la suite de vos Actions.

La mauvaise foy des Espagnols les ayant porté à attaquer de nouveau le Duc de Mantouë, au préjudice des Traitez qu'ils avoient fait avec V. M. Elle porta pour la seconde fois ses Armes en Italie, où elles furent tellement

ment bénies de Dieu, qu'aprés avoir glorieusement passé une Riviére, dont le Duc de Savoye défendoit le passage avec 14000. hommes de pied & 4000. Chevaux, contre la foy du Traité qu'il avoit fait avec V. M. l'an précédent, elles prirent Pignerol en présence des Forces de l'Empereur, de celles du Roy d'Espagne, & de la Personne, & de toute la Puissance du Duc de Savoye; & ce qui rend cette Action plus glorieuse, à la vûë du Marquis de Spinola, l'un des plus grands Capitaines de son tems.

Par ce moyen vous prîtes Suze, & surmontâtes en même tems les trois plus considerables Puissances de l'Europe, la Peste, la Famine & l'Impatience des François, dequoy l'on trouvera peu d'exemples dans l'Histoire.

Ensuite vous conquîtes la Savoye, chassant une Armée devant vous de 10000. hommes de pied & de 2000. Chevaux, qui avoient plus d'avantage à se deffendre dans un Païs de Montagnes pareil à celui où ils étoient, que 30000. pour les attaquer.

Les Combats de Veillane & de Cotiane signalerent peu de tems aprés vos Armes en Piémont: & la prise de

Valence, fortifiée par le Duc de Savoye pour s'oposer à vos Desseins, fit connoître que rien ne peut résister aux justes Armes d'un Roi aussi heureux qu'il est Puissant.

Cazal fut secouru, non seulement contre l'opinion commune de la plus grande partie du monde, mais encore contre la propre pensée du Duc de Montmorency, qui avoit été employé à ce dessein, & contre celle de Marillac substitué à sa place, qui publioient tous deux hautement cette entreprise tout-à fait impossible.

Le Secours de cette Place fut d'autant plus glorieux, qu'une Armée plus forte que la vôtre, retranchée à la Tête du Milanois, qui luy fournissoit toute sorte de commoditez, & à l'abri des murailles de Cazal, qui leur avoit été consigné entre les mains, fut contrainte de le consentir & de le quitter, & en même tems cinq autres Places, que les Espagnols tenoient aux environs dans l'étenduë du Mont-Ferrat.

Si l'on sçait qu'au plus fort de ce Dessein V. M. fut à l'extrémité, & que si vôtre Personne étoit dangéreusement malade, vôtre Cœur l'étoit davantage.

Si l'on considére que la Reine vôtre

Mére

Mére à la suscitation de quelques Esprits envénimez forma un puissant Parti, qui vous affoiblissant, fortifia beaucoup vos Ennemis : Si l'on se représente encore qu'ils recevoient tous les jours divers avis, que bien-tôt les plus fidéles Serviteurs de V. M. qu'ils haïssoient & craignoient tout ensemble, ne seroient plus en état de leur faire du mal; Il sera impossible de ne pas reconnoître que la Bonté de DIEU a plus contribué à ses bons succez, que la Prudence & la Force des Hommes.

Ce fut lors que la Reine vôtre Mére fit toute sorte d'efforts imaginables ; pour renverser le Conseil de V. M. & en établir un à sa fantaisie.

Ce fut lors que les mauvais Esprits qui possedoient celui de Monsieur, travailloient sous son Nom, autant qu'il leur étoit possible, pour me perdre.

La Mére & le Fils avoient fait un Accord plus contraire à l'Etat, qu'à ceux dont ils poursuivoient ouvertement la ruine, puisqu'en l'état présent des Affaires, il étoit impossible d'y apporter aucun changement sans les perdre.

Le Fils avoit promis de n'épouser point la Princesse Marie, ce que la Mére apprehendoit de telle sorte, que

 pour

pour l'empêcher, elle l'avoit fait mettre en vôtre absence au Château de Vincenne, d'où il ne sortit que par cette Convention; & la Mere s'étoit obligée en échange à me faire tomber en la disgrâce de V. M. & m'éloigner d'Elle.

Pour rendre ces Promesses plus inviolables, elles furent mises par écrit, & le Duc de Bellegarde les porta longtems entre sa peau & sa chemise, pour marque qu'elles lui touchoient au cœur, & pour assûrance à ceux qui les avoient faites, qu'il ne les perdroit qu'avec la vie.

Jamais Faction ne fut plus forte en un Etat; Il seroit plus aisé de raporter ceux qui n'y trempoient pas, que ceux qui s'y étoient engagez.

Et ce qui augmenta la merveille de vôtre Conduite en cette occasion, est que recherchant moi-même mon éloignement pour plaire à la Reine qui le désiroit passionément, V. M. pour lors destituée de tout autre Conseil, étoit seule à se conseiller, & seule à resister à l'Autorité d'une Mére, aux artifices de tous ses Adherans, & aux priéres que je lui faisois contre moi-même.

Je parle ainsi, parce que le Maréchal de Schomberg qui vous étoit fidéle, n'étoit n'étoit pas lors prés de V. M. & que le Garde des Sceaux de Marillac, étoit un de ceux qui secondant la Reine en ses desseins, la servoient contre elle-même.

Vôtre Prudence fut telle, qu'en éloignant de vôtre propre mouvement le Garde des Sceaux, vous vous delivrâtes d'un Homme tellement rempli de l'opinion qu'il avoit de lui-même, qu'il n'estimoit rien de bien fait, s'il ne l'étoit par son ordre, & croyoit que beaucoup de mauvais moyens lui étoient licites, pour venir aux fins qui lui étoient suggérées, par un zéle qu'on peut nommer indiscret.

Enfin vôtre procédé fut si sage, que vous n'acordâtes rien à la Reine qui fût contraire à vôtre Etat, & ne lui réfusâtes aucune chose, que ce que vous n'eussiez pû lui accorder sans blesser vôtre conscience, & agir autant contre elle que contre vous-même.

Je pourrois m'exemter de parler de la Paix qui fut concluë à Ratisbonne, entre V. M. & la Maison d'Autriche, parce qu'ayant été arrêtée par vôtre Ambassadeur à des Conditions dont l'Empereur même reconnut qu'il n'avoit aucun Pouvoir, elle ne peut par cette raison être mise au nombre de vos actions; mais si l'on considére que bien que la faute de vôtre Ambassadeur ne vous puisse être imputée, comme il ne faloit pas peu de bonté pour la supporter, il ne falut pas aussi peu d'adresse pour la reparer en quelque sorte, & ne se priver pas de la Paix si nécessaire à cet Etat, en un tems où V. M. avoit tant de traverses.

Cette Action sera jugée des plus grandes que vous ayez jamais faites, & telle par consequent qu'elle ne peut être obmise en ce lieu.

La Raison & la Conduite des Etats requeroit un Châtiment exemplaire en celui qui avoit outrepassé vos Ordres en une matiére si délicate, & dans une occasion si importante; mais vôtre Bonté lia les mains à vôtre Justice, parce que bien qu'il fût seul Ambassadeur, il n'avoit pas agi seul en cette Affaire, mais avec un Adjoint d'une Condition, dont le respect vous fit plûtôt considerer le motif de la Faute, que la Faute même.

Ils furent tellement surpris l'un & l'autre de l'extréme Maladie dans laquelle vous tombâtes à Lion, qu'ils agirent plûtôt sur le pied de l'Etat, auquel ce Royaume pouvoit être par le le malheur de vôtre perte, que sur celui auquel il étoit, & sur les Ordres qu'ils avoient reçus.

Nonobstant les mauvaises Conditions de leurs Traitez les Imperiaux furent contrains de restituer bientôt aprés Mantoüe ; la crainte de vos Armes les obligea à rendre ce qu'ils avoient usurpé sur les Venitiens & sur les Grisons ; & aprés que V. M. eut laissé entrer les Troupes du Duc de Savoye dans Pignerol, dans le Fort & dans la Valée de la Perouse, pour satisfaire au Traité de Querasque : Elle s'accorda si bien avec lui, qu'en vertu d'un nouveau Traité ces Places sont demeurées à la Puissance de V. M. au contentement & à l'avantage de toute l'Italie, qui craindra d'autant moins à l'avenir une injuste oppression, qu'elle voit une Porte ouverte à son secours.

En ce tems les Mécontentemens que le Duc de Baviere avoit reçûs de l'Empereur & des Espagnols, & la crainte que tous les autres Electeurs Catholiques & Protestants avoient d'être dépoüillez de leurs Etats, comme beaucoup d'autres Princes l'avoient déja été à sa sollicitation, les ayant portez à desirer secrétement vôtre Appuy, vous traitâtes avec eux si adroitement & avec tant de succez, qu'ils empêcherent, en la présence même de l'Empereur, l'Election du Roi des Romains, bien que la Diette de Ratisbonne eût été convoquée à cette seule fin.

Ensuite pour contenter Baviere, satisfaire les Electeurs, & plusieurs autres Princes, & pour les affermir tous en la Resolution qu'ils avoient prise de rendre la Ligue Catholique independante, non de l'Empire, mais de l'Espagne, qui en usurpoit la Direction ; Vos Ambassadeurs se gouvernerent avec tant de correspondance avec ces Princes, qu'ils leur faciliterent les moyens de faire deposer Walstein du Commandement des Armées de l'Empire, ce qui n'aporta pas peu de retardement aux Affaires de son Maître.

Le Credit de V. M. ne fut pas moindre vers le Nord, puisque le Baron de Charnacé sans Titre d'Ambassadeur, procura presque en même tems la Paix entre les Rois de Pologne & de Suede; Paix qui avoit été inutilement tentée par plusieurs autres Potentats.

Cet-

Cette Paix donna lieu à l'Entreprise que le Roi de Suede fit peu aprés, pour empêcher l'Oppression des Princes de l'Empire, en Allemagne, & ce Dessein ne vous fut pas plûtôt connu, que pour prevenir le prejudice que la Religion Catholique en pourroit recevoir, V. M. fit un Traité avec lui, qui l'obligeoit à n'en point troubler l'Exercice dans tous les Lieux de ses Conquêtes.

Je sçai bien que vos Ennemis, qui pensent justifier leurs Actions en décriant les vôtres, n'ont rien oublié de ce qu'ils ont pû, pour rendre cette Convention odieuse; mais leur Dessein ne produisit autre effet, que de faire paroître leur malice.

L'Innocence de V. M. est d'autant plus claire, que son Ambassadeur n'entra jamais dans aucun Traité avec ce Conquerant, que six mois aprés qu'il fut entré en Allemagne, ce qui justifie évidemment que les Conventions qui furent faites avec ce Prince furent le remede du mal, dont elles ne peuvent être estimées la Cause.

Les Traitez passez non seulement avec ce Grand Roi, mais aussi avec beaucoup d'autres Princes d'Allemagne, sont d'autant plus justes, qu'ils étoient absolument nécessaires pour le Salut du Duc de Mantoüe, injustement attaqué, & pour celui de toute l'Italie, sur laquelle les Espagnols n'avoient pas moins de Droit, que sur les Etats de ce Pauvre Prince, puis qu'ils estimoient que leur Commodité en étoit un assez legitime.

L'Ebranlement que ce Royaume avoit reçû, par la Division que les Espagnols avoient ouvertement suscitée en vôtre Maison Royale, obligeoit V. M. à recourir à des Expédiens, qui vous donnassent lieu de le raffermir.

Monsieur étant sorti de la Cour & de la France, pour la troisiéme fois, par divers Artifices, dont on peut dire avec verité, que les Espagnols étoient les principaux Auteurs, & le Cardinal Infant ayant retiré la Reine vôtre Mére en Flandres, comme il fit en ce tems; il est aisé de juger que si ces bons Voisins n'eussent eu quelque notable Occupation chez eux, ils eussent poussé les Affaires plus avant, & se fussent occupés à vos dépens en ce Royaume.

Il faloit par necessité détourner l'Orage, & qui plus est se préparer à en soûtenir l'Effort, au cas qu'on ne pût l'éviter.

En

En cette Consideration, aprés que V. M. fut asseurée d'une puissante Diversion, Elle fit comme ceux qui pour prévenir la Contagion, dont la corruption de l'Air les menace, se purgent avec d'autant plus de soin, que de se nettoyer au dedans, est à leur avis le meilleur & le plus seur moyen qu'ils ayent de se garentir des Injures externes.

La Providence de DIEU vous fut si favorable en ce rencontre, que ceux qui animant la Reine & Monsieur contre la France, pensoient les porter à lui procurer beaucoup de mal, ne les portérent qu'à ce qui les rendoit incapables d'en faire ; & vôtre Conduite parut d'autant plus merveilleuse en cette occasion, qu'en rappellant l'un, & desirant le retour de l'autre, vôtre Bonté à leur égard fut connuë de tout le Monde, au même tems que les effets de vôtre Justice tombérent sur ceux qui les avoient aidez à prendre de mauvais Conseils.

Le Duc de Bellegarde fut privé du Gouvernement de Bourgogne, & par conséquent des Clefs des Portes qu'il avoit ouvertes à Monsieur, pour le faire sortir du Royaume.

Le Duc d'Elbœuf fut pareillement

 dé-

dépoüillé de celui de Picardie, que V. M. lui avoit donné peu de tems auparavant.

Le Duc de Guise pressé des craintes de sa conscience, s'étant retiré en Italie, lors que vous l'apellâtes à la Cour pour y rendre compte de ses actions; cette Retraitte criminelle lui fit perdre celui, dont le Feu Roi vôtre Pére l'avoit honoré.

Ainsi vous fûtes délivré des Gouverneurs Ingrats & Infidéles, & la Bourgogne, la Picardie, & la Provence, Provinces de grande consideration, demeurerent en vos Mains, libres de ces Esprits dangereux.

Vous mîtes en la premiére le premier Prince de vôtre Sang, qui la désiroit avec passion; & par ce moyen vous l'interessâtes prudemment aux Affaires du Tems, & donnâtes beaucoup à penser à Monsieur, qui, avec raison, n'apprehendoit rien tant au Monde, que l'Etablissement d'une Personne qui le talonnoit de si prés.

Vous établîtes en la seconde le Duc de Chevreuse Prince de Lorraine, pour témoigner que les fautes sont personnelles, & que vôtre Indignation ne s'étendoit que sur ceux de cette Maison, qui s'étoient rendus Coupables

bles par leur mauvaise Conduite.

Vous gratifiates le Maréchal de Vitri de la troisiéme, tant à cause de sa fidélité, que parce qu'étant maintenu par vôtre Autorité, il étoit de son Naturel, capable de faire tête à celui qui en étoit sorti.

Cependant les Déclarations que vous fites en ces occasions enrégistrer en Parlement, furent d'autant plus approuvées de tout le Monde, qu'en condamnant les Auteurs & les Sectateurs de la Reine & de Monsieur, elles excusoient ces deux Personnes, qui sont aussi Chéres que Proches à V. M. bien que par le passé on en eût usé tout autrement en des Faits presques semblables.

Vôtre Majesté éluda alors avec beaucoup de Vigilance, divers Desseins & beaucoup d'Entreprises méditées & tentées sous le Nom de la Reine & de Monsieur, sur diverses Places du Royaume; & vôtre Patience fut telle en ces malheureuses rencontres, que je puis quasi dire que vous ne fites connoître, que ce que vous ne pouviez dissimuler de leur mauvaise conduite.

Cependant pour en arrêter le cours, & retrancher la licence avec laquelle

il

il sembloit qu'il fût permis de tout entreprendre à leur Ombre, vous fites trencher la Tête au Maréchal de Marillac, avec d'autant plus de raison, qu'ayant été condamné avec Justice, la Constitution présente de l'État requeroit un grand Exemple.

Ces grandes & fâcheuses Affaires ne vous empêcherent pas de reprimer, avec autant d'Autorité que de Raison, certaines entreprises du Parlement de Paris, qui avoient été souffertes en beaucoup d'autres occasions; ce qui est plus remarquable, pour avoir été fait dans la chaleur des Mécontentemens de la Reine, de Monsieur, & de tous leurs Partisans, que pour la chose même.

Ensuite Monsieur entra à Main-armée en France, à la suscitation des Espagnols, & du Duc de Lorraine, avec des Troupes dont ces bons Voisins avoient fourni la plus grande partie.

Il sembloit que la connoissance que V. M. eut aussi-tôt, qu'il étoit attendu en Languedoc par le Duc de Montmorenci, fort autorisé en cette Province, dont il étoit Gouverneur, vous deût détourner du Dessein qui vous avoit conduit en Lorraine, pour dé-

dégager ce Duc du mauvais Parti où il s'étoit mis ; mais achevant ce que vous aviez commencé à de si bonnes Fins, vous fites suivre Monsieur vôtre Frére de si prés, par le Maréchal de Schomberg, & vous avançâtes si promptement vous-mêmes, aprés avoir reçû trois Places du Duc de Lorraine pour Gage de sa Foi, que tous les Efforts de ceux qui s'étoient liez contre vous demeurerent vains.

La Victoire que les Armes de V. M. commandées par ce Maréchal remportérent à Castelnaudari, fut un Argument aussi asseuré de la Bénédiction de Dieu sur V. M. comme les graces que vous accordâtes en suite à Monsieur, & aux siens, lors que le mauvais état de ses Affaires vous donnoit lieu d'en user autrement, furent un Témoignage évident de vôtre Bonté.

La Sincerité avec laquelle vous voulûtes observer toutes les Promesses, qui leur furent faites à Beziers de vôtre part, bien que vous sçussiez assurément que Puy-Laurens n'avoit autre Dessein que d'éviter, à l'ombre d'un repentir le peril auquel il se trouvoit, dont il ne pouvoit se se garentir par autre voye, fut une preuve aussi autentique du grand Cœur de V. M. que de sa Foi inviolable.

Le Châtiment du Duc de Montmorenci, qui ne se pouvoit obmettre sans ouvrir la Porte à toutes sortes de Rebellions dangereuses en tout tems, & particuliérement en celui auquel un Heritier Présomptif de la Couronne se rendoit par mauvais Conseil, Chef de ceux qui se séparoient de leur devoir, fit voir à tout le Monde, que vôtre Fermeté égaloit vôtre Prudence.

Cette Punition fit voir aussi que vos Serviteurs préféroient les Interêts Publics aux leurs particuliers, puis qu'ils résistoient en cette occasion, & aux Sollicitations de plusieurs Personnes, qui leur devoient être de grande Consideration, & aux Menaces de Monsieur, que Puy-Laurens portoit jusqu'à ce Point qu'il leur fit dire que si Monsieur de Montmorenci mouroit, Monsieur les feroit mourir un jour eux-mêmes.

La Patience avec laquelle vous avez souffert les nouveaux Monopoles que Puy-Laurens fit en Flandres, sous le le Nom de Monſieur, où il ſe retira pour la troiſiéme fois, eſt toute ſemblable à celle qui porte un Pére à excuſer les comportemens qu'on fait commettre à un de ſes Enfans, qui eſt ſorti de ſon obéiſſance.

Celle qui vous a fait endurer auſſi long-tems que le Bien de l'Etat & vôtre Conſçience l'ont pû permettre, la Malice & la legereté, qui ont porté pluſieurs fois le Duc de Lorraine à s'armer contre vous, eſt une Vertu qui ſe trouvera dans l'Hiſtoire avoir fort peu d'Exemples.

La Bonté avec laquelle vous avez voulu vous contenter, pour la reparation de ſes ſecondes Fautes, du Dépòt de quelques-unes de ſes Places, capable de le contenir en ſon devoir, ſi la folie n'eût pas égalé ſon manquement de parole, ſe trouvera peut être d'autant plus incomparable, qu'il y a peu de Princes qui perdent l'occaſion de ſe rendre Maîtres d'un Etat Voiſin, quand ils en ont le Sujet legitime, & le Pouvoir tout enſemble.

Aprés tant de Rechutes, commiſes par le Duc vôtre Vaſſal, aprés qu'il vous eut ravi contre ſa Foi, contre le Droit Divin & celui des Conſtitutions

tions faites par les Hommes, un Gage presque aussi précieux que vôtre Etat; la Prudence avec laquelle vous le dépoüillâtes, lors que sa Malice & son Inconstance ne pouvoient plus avoir d'autres Remedes que ceux de l'Extremité, est d'autant plus estimable, que si vous l'eussiez fait plûtôt; on eut pû revoquer en doute vôtre Justice. Aussi ne pouviez-vous attendre davantage, sans vous faire paroître Insensible, & commettre par omission une Faute égale à celle que commettroit un Prince, qui par pure violence en dépoüilleroit un autre sans raison.

Que ne doit-on pas dire du bon Naturel; qui vous a porté à procurer le retour de Monsieur en France pour la troisiéme fois; lors qu'il sembloit qu'on ne pouvoit plus s'asseurer de sa Foi, à cause des diverses Rechûtes, & de l'extraordinaire Infidelité des Siens. Beaucoup estimoient avec raison qu'il ne pouvoit revenir, sans mettre en Compromis la séureté de vos plus fidéles Serviteurs; & cependant ils étoient seuls à vous solliciter de le retirer du peril, où il s'étoit mis.

Cette Action trouvera peu d'Exemples dans l'Antiquité, si l'on en considére les circonstances, & peut-être peu d'imitation à l'avenir.

Comme on ne put sans une extréme hardiesse, conseiller à V. M. de donner à Monsieur, contre vos propres Sentimens, une notable augmentation d'Appanage, un Gouvernement de Province, & une Place; lors qu'il fut question de le retirer de Lorraine la premiére fois qu'il sortit du Royaume; on n'a pû aussi sans grande Fermeté, resister un an durant aux Instances qu'il faisoit d'en avoir une sur la Frontiére, où il voulut se retirer quitant la Flandre.

Ce n'a pas été peu de bonheur, que ces deux Conseils ayent si bien reüssi; que la concession de la premiére Place fut cause de son premier retour; & cause si innocente, qu'étant utile en cette occasion, on n'ait pû depuis en abuser; lors que les Siens l'ont voulu faire.

Et que tant s'en faut que le refus de la seconde l'ait empêché de rentrer en son devoir, & en son Païs Natal, seul lieu de son Salut; qu'au contraire c'est ce qui l'obligea de de revenir enfin avec une intention aussi droite, que lui & les siens ont depuis confessé, qu'il l'avoit mauvaise, lors que sous pretexte de la seureté de sa Personne, il demandoit une Retraitte pour troubler de nouveau le Repos de la France.

Les Bien-faits extraordinaires que V. M. fit à Puy-Laurens pour l'obliger d'inspirer une bonne conduite à son Maître, sont si dignes de memoire, qu'ils ne doivent pas être oubliez en cet endroit.

Le Châtiment qu'il reçût lors que vous connûtes qu'il continuoit à abuser de vos graces, étoit trop juste & trop nécessaire, pour ne l'inferer pas en suite.

La Posterité remarquera, je m'asseure, trois choses bien considérables en ce sujet; un entier Détachement de tous autres Interêts que de ceux du Public, en vos Creatures, qui l'ayant reçû par vôtre exprés Commandement dans leur Alliance, ne laisserent pas de vous conseiller de l'arrêter; parce que le Bien de l'Etat le requeroit ainsi; une grande Prudence d'avoir executé cette Action en présence de Monsieur, qui ne pouvoit qu'aprouver de prés un Conseil qu'il eust de loin

loin appréhendé pour lui-même, si l'Expérience ne lui eut fait connoitre, que ce n'étoit pas à lui qu'on en vouloit. Une grande hardiesse à lui laisser en même tems autant de liberté, qu'il en avoit auparavant; sur ce seul Fondement que ne s'étant mal conduit que par de mauvais Conseils, l'effet cesseroit quand la Cause seroit cessée, & qu'il n'en seroit pas plûtôt destitué, qu'il suivroit par ses propres sentimens, un chemin contraire à celui où ceux d'autrui l'avoient porté.

Cette action & plusieurs autres arrivées pendant vôtre Régne; feront, je m'asseure, tenir pour Maxime certaine, qu'il faut en certaines rencontres, où il s'agit du Salut de l'Etat, une Vertu mâle qui passe quelquefois par dessus les Régles de la Prudence ordinaire; & qu'il est quelquefois impossible de se garantir de certains maux, si l'on ne commet quelque chose à la Fortune, ou pour mieux dire, à la Providence de Dieu, qui ne refuse guéres son Secours, lorsque nôtre Sagesse épuisée ne peut nous en donner aucun.

Au reste, vôtre Conduite sera reconnuë d'autant plus juste, que ceux qui liront

liront vôtre Histoire, verront que V. M. ne fait punir personne, qu'aprés avoir tâché par de notables Bienfaits, de le contenir en son devoir.

Le Maréchal d'Ornano fut fait Maréchal à cette fin.

Le Grand Prieur étoit asseuré du Commandement de la Mer, lors qu'il pervertit l'Esprit de son Frére, & que tous deux vous donnérent sujet de leur ôter la liberté.

Le Maréchal de Bassompierre ne subsistoit que par vos Bienfaits, quand sa maniére de parler & d'agir à la Cour, vous contraignit de le resserrer à la Bastille.

Le Garde des Sceaux de Marillac étoit d'autant plus obligé à bien faire, que le Grade où sa bonne Fortune l'avoit élevé, ne lui laissoit pas lieu de pouvoir désirer davantage, quelque Ambition qu'il pût avoir.

Le Maréchal son Frére établi dans Verdun, & élevé à un Office de la Couronne, avoit toutes occasions par ces graces d'éviter le Suplice qu'il mérita par son ingratitude, & par ses mauvais deportemens.

Les divers Commandemens que le Duc de Montmorency a eû en vos Armées, bien qu'il fût encore jeune pour les mériter, la Charge de Maréchal de France,

France, le libre Accez que V. M. lui donnoit auprés de sa Personne, & la familiarité qu'il avoit avec vos Créatures, étoient des Graces & des Priviléges assez grands, pour l'empêcher de courir imprudemment à sa ruïne.

Il y avoit si peu que Chateauneuf avoit été honoré des Sceaux, quand on commença à découvrir son mauvais Procédé, qu'il y a lieu de soupçonner, qu'au commencement de sa Magistrature il avoit presque les mêmes intentions que lors qu'il la finit.

Cependant cette premiére Charge de la Justice à laquelle V. M. l'appella contre son attente, Cent mille Ecus qu'il reçût de vôtre Libéralité en une année; le Gouvernement d'une de vos Provinces, qui sont des graces assez extraordinaires pour un Homme de sa profession, ne furent pas des considérations assez puissantes pour l'empêcher d'être l'artisan de sa ruïne.

Les diverses & grandes graces que Puy-Laurens reçut en peu de tems de la Bonté de V. M. sont si extraordinaires, que ceux qui les sçauront, s'en étonneront peut-être davantage que de son mauvais procédé, assez ordinaire à ceux que la Fortune éleve en un instant sans mérite.

L'A-

L'Abolition de ses Crimes que V. M. lui accorda à son retour de Flandres ne sera pas estimée médiocre par la Postérité.

Les sommes immenses qu'il reçût de vos Libéralitez, le Gouvernement de Bourbonnois, la Qualité de Duc & Pair, & mon Alliance, étoient des liens assez forts, pour contenir en son devoir toute autre Personne que lui, qui n'étoit pas capable de se prescrire des bornes.

Lors que le Comte de Cramail fut mis à la Bastille, il venoit de recevoir par son rapel à la Cour, un effet de l'oubli de ses premiéres fautes. Mais ce favorable traitement ne l'empêcha pas de prendre son premier train, en deservant l'Etat présent des Affaires, & en tâchant de détourner V. M. de son ancienne Conduite, dont les événemens justifioient le Bonheur, & la bénédiction de Dieu, la Justice.

Le choix qu'on avoit fait du Maréchal de Vitri pour la Provence, l'obligeoit de vivre avec beaucoup de régle dans un grand Emploi, que son courage & sa fidélité lui avoient procuré. Mais sa trop grande avidité, & son humeur insolente & altiére ne contribuëtribuërent pas peu à l'en priver, pour le loger dans un Gouvernement de moindre étenduë.

S'il faut parler de ceux qui ont été simplement éloignez de la Cour, quelles obligations n'avoit point reçû le Duc de Bellegarde de V. M. & de ses Serviteurs.

La bonté de l'un & l'adresse des autres, l'avoient tiré de certains embarras de Cabinet; où son extréme vanité & le déréglement de ses passions l'avoient jetté. Il étoit Duc par vôtre Grace, & d'autant plus obligé à se bien conduire auprés de Monsieur, lorsqu'il l'aida à sortir du Royaume; que vous l'aviez établi dans les premiéres Charges de sa Maison, dont il ne reçut pas peu d'utilité.

De pauvre & simple Gentilhomme qu'étoit Thoiras, on le vit en un instant Maréchal de France; si chargé de vos Bienfaits qu'il reçut non seulement les plus beaux Emplois & les plus grands Gouvernemens du Royaume, mais plus de six cent mille écus de gratifications.

La Fargis étoit d'autant plus obligée à bien faire, que V. M. la mettant auprés de la Reine sa Femme, l'avoit mis au dessus des Discours, qu'on avoit fait d'elle.

Les Ducs de Guise & d'Elboeuf ont reçû au vû & sçû de tout le Monde des graces indicibles de V. M.

Au même tems que la Princesse de Conty étoit échauffée à former des Cabales dans la Cour, elle tira beaucoup de vôtre Epargne pour la Vente de Chateaurenault ; mais ce n'étoit pas assez pour la contenir en son devoir.

L'éloignement du Duc de la Vallette, quoi que volontaire ; & non forcé, me donnant lieu de le mettre en cette Classe ; je ne puis ne pas représenter que peu de tems auparavant qu'il sollicitât Monsieur vôtre Frére & le Comte de Soissons de tourner vos Armes, dont ils avoient pour lors le Commandement, contre vôtre Personne, V. M. l'avoit honoré de la qualité de Duc & Pair ; Je ne puis me dispenser d'ajoûter ensuite, que pour le lier davantage à vôtre Service, vous avez trouvé bon qu'il prît liaison avec ceux qui en étoient tout-à-fait inseparables, & qu'en considération de mon Alliance, vous lui aviez accordé la Survivance du Gouvernement de Guienne, & augmenté sa Charge de Colonel d'Infanterie de trente mille livres de revenu. Je puis dire de plus, que le Pardon que V. M. lui accorda par une

Bon-

Bonté extraordinaire, d'un Crime si sale & si honteux, avéré par la bouche de deux Princes irreprochables en cette occasion, ne put empêcher que sa foiblesse & sa jalousie contre le Prince de Condé, & l'Archevêque de Bourdeaux, ou le dessein qu'il avoit de traverser la prospérité de vos Affaires ne lui fissent perdre beaucoup d'honneur, en perdant l'occasion de prendre Fontarabie, lorsque les Ennemis ne pouvoient plus la défendre.

Si c'est un effet d'une Prudence singuliére d'avoir occupé dix ans durant toutes les Forces des Ennemis de vôtre Etat, par celles de vos Alliez en mettant la main à la Bourse, & non aux Armes. Etre entré en Guerre ouverte lorsque vos Alliez ne pouvoient pas subsister seuls, en est un autre de Sagesse & de Courage tout ensemble, qui justifie bien que ménageant le repos du Royaume, vous avez fait comme ces Oeconomes, qui ayant été soigneux d'amasser de l'argent, sçavent le dépenser à propos pour se garantir de plus grande perte.

Aprés avoir fait en même tems diverses Attaques en divers lieux, ce que ne firent jamais les Romains ni les Ottomans, semblera sans doute à beaucoup de Gens, une imprudence & une témérité bien grande. Et cependant si c'est une preuve de vôtre Puissance, c'en est une bien forte de vôtre Jugement, puisqu'il étoit nécessaire d'occuper tellement vos Ennemis de toutes parts qu'ils ne pussent être invincibles en aucunes.

La Guerre d'Allemagne étoit un peu forcée, puis que cette partie de l'Europe étoit le Théatre sur lequel depuis long-tems elle étoit commencée.

Bien que celle de Flandre n'ait pas eû le Succez qu'on en pouvoit attendre, il étoit impossible de ne la pas concevoir avantageuse en son Projet.

Celle des Grisons étoit nécessaire pour embarquer les Princes d'Italie à prendre les Armes, en leur ôtant l'appréhension des Allemans : & pour donner cœur à ceux qui les avoient en Allemagne, en leur faisant voir que l'Italie ne pouvoit secourir les Ennemis qu'ils avoient en Tête en leur Païs.

Celle d'Italie n'étoit pas moins importante ; tant parce que c'étoit le vrai moyen d'engager le Duc de Savoye, que

que parce qu'aussi le Milanois étant comme le Cœur des Etats que posséde l'Espagne ; c'étoit cette partie qu'il falloit attaquer.

Au reste, si l'on considére que V. M. avoit de tous côtez des Alliez, qui devoient joindre leurs Forces à vos Armes, on trouvera que la raison vouloit, que par telle Union, les Espagnols attaquez en divers lieux, succombassent sous l'effort de vôtre Puissan ce.

Ce n'est pas que pendant le cours de cette Guerre qui a duré cinq ans, il ne vous est arrivé aucun mauvais Accident, qui n'ait semblé être permis que pour vôtre Gloire.

En 1635. l'Armée que V. M. envoya dans les Païs-Bas, gagna à son entrée une célébre Bataille, avant qu'être jointe à celle des Etats Généraux. Et si le Prince d'Orange les commandant toutes deux, n'eut aucun Succez digne de ses grandes Forces, & de l'attente qu'on avoit d'un Capitaine de sa reputation, la faute ne vous en peut être imputée.

Ayant soûmis vos Armes au Commandement de ce Prince, c'étoit à lui à poursuivre la pointe d'une Armée qu'il recevoit Victorieuse. Mais la len-

lenteur d'une Nation pesante, ne sçut profiter de l'ardeur de la vôtre, qui demande des Exécutions plûtôt que des Conseils; & qui ne venant pas promtement aux mains, perd l'avantage que le feu de sa nature lui donne sur toutes les autres Nations du Monde.

Cette même année les Forces de l'Empire ayant passé le Rhin à Brisac, vinrent si prés de vos Frontiéres, que si vous ne pûtes les exempter de peur, vous sçûtes bien les garantir du mal dont vos ennemis ne furent pas exempts.

On vit périr dans la Lorraine une des plus Puissantes Armées, que l'Empereur eût de long-tems mis sur pied; & sa perte est d'autant plus considérable, que la seule Patience de ceux qui commandoient vos Forces en ces Quartiers, en fut la cause.

En même tems le Duc de Rohan, favorisé des principales Têtes des Grisons, qui désiroient leur liberté; entra heureusement dans leur Païs à force ouverte, se saisit des Passages & des Postes les plus importans; & les fortifia, nonobstant les oppositions que le voisinage du Milanois don-

donnoit moyen aux Espagnols, d'y aporter commodement.

Les Ducs de Savoye & de Crequi, qui commandoient vos Armées en Italie, prirent un Fort dans le Milanois, & en bâtirent un autre sur le Pô, qui fut une fâcheuse épine aux pieds de vos Ennemis.

En 1636. la lâcheté de trois Gouverneurs de vos Places Frontiéres, ayant donné lieu aux Espagnols de prendre pied en ce Royaume, & d'y aquérir à bon marché un avantage trés-notable : sans vous abbatre le Courage, lors que chacun sembloit être perdu, Vous mîtes en six semaines une si Puissante Armée sur pied, qu'on se pouvoit promettre la Défaite entiére de vos Ennemis, si ceux à qui vous en commîtes le Commandement, l'avoient bien employée. Leurs défauts vous obligérent vous-mêmes à en prendre la Conduite ; & Dieu vous assista de telle sorte, que la même année vous reprîtes à la veuë de ceux qui n'avoient emporté ces Places, que parce que vous en êtiez éloigné, la seule qui importoit à vôtre Etat.

Vous surmontates en cette Exécution beaucoup de Traverses, qui vous

 furent

furent données par les Vôtres mêmes, qui prévenus d'ignorance ou de malice, improuvoient hautement un si haut dessein.

Si le Siége de Dôle ne vous reüssit pas, la raison qui oblige un chacun à courir au plus pressé, en fut la seule Cause. V. M. en divertit ses Forces avec d'autant plus de Prudence, qu'il étoit plus important de reprendre Corbie, que de prendre Dôle.

Au même tems Galas étant entré dans ce Royaume à la Tête des principales Forces de l'Empire, ausquelles le Duc de Lorraine s'étoit joint avec les siennes. Tous deux furent chassez de la Bourgogne, avec la honte de lever le Siége de Saint Jean de Laune, mauvaise Place; & le dommage de perdre une partie de leur Canon, & si grand nombre de leurs Gens; que de trente mille hommes avec lesquels, ils étoient entrez en ce Royaume, ils n'en sortirent pas avec dix.

Le Thesin fut dans cette même année Témoin d'une Action, non moins heureuse en Italie, où les Vôtres gagnérent un Célébre & Sanglant Combat. Et vous eûtes dans la Walteline des Avantages d'autant plus considérables, que vos Ennemis s'étant plusieurs fois

reso-

resolus de venir aux mains avec vos Troupes, pour les en chasser par la force. Jamais ils ne tachérent d'effectuer leurs desseins, que combatre & être battus, ne leur fût une même chose.

En 1637. vous emportâtes deux Places sur vos Ennemis dans la Flandre, & reprîtes une de celles qui l'An précédent leur avoient été livrées par la lâcheté des Gouverneurs.

Une Troisiéme assiégée dans le Luxembourg fut prise peu aprés, & vos Ennemis reçurent autant de dommage par l'entrée de vos Armes en leur Païs, qu'ils auroient eû dessein de vous en faire par la même voye.

Si une Terreur panique de celui qui commandoit vos Forces dans la Walteline, & l'Infidélité de quelques-uns de ceux, pour la Liberté desquels vous les aviez prises; vous firent perdre & par lâcheté & par trahison tout ensemble, les Avantages que vous y aviez aquis par la Force & par la Raison. Cette Année fut heureusement coûronnée par la Reprise des Isles de Sainte Marguerite, & de Saint Honorat, & par le Secours de Leucate assiégée par les Espagnols.

Par la premiére de ces deux Actions, Deux mille cinq cens François descendirent en plein jour en une Isle, gardée par autant d'Espagnols & d'Italiens; Une Isle fortifiée par cinq Forts Reguliers, conjoints les uns aux autres par des Lignes de Communication, qui l'enfermoient presque toute entiére d'un bon Parapet. Vos Gens à leur Descente combatirent, & défirent vos Ennemis qui leur firent Tête, & aprés avoir contraint la plus grande partie de se retirer dans leurs Remparts, ils les y forcérent en six semaines pied à pied, par autant de Siéges qu'il y avoit de Forts; bien qu'il y en eût un de cinq Bastions Royaux, si bien munis de Canons, de Gens, & de toutes choses nécessaires, qu'il sembloit ne devoir pas étre attaqué.

Par la seconde. Une Armée puissante, si bien retranchée, qu'il n'y avoit qu'une seule Tête de mille toises par laquelle on pût l'aborder, Tête si bien fortifiée, que de deux-cent en deux-cent pas il y avoit des Forts & Redoutes, garnies de Canon & bordées d'Infanterie, fut attaquée de nuit & forcée par une Armée, qui pour être moins nombreuse ne laissa pas de la défaire entiérement aprés plusieurs Combats.

Ces deux Actions sont si extraordinaires, qu'on ne peut dire, que ce sont des Effets signalez du Courage des Hommes, sans ajoûter, qu'ils étoient secondez de la Providence, & de la Main de Dieu, qui combatit visiblement pour Nous.

En 1638. bien que le commencement de l'Année vous fût malheureux en Italie, à Saint Omer, & à Fontarabie, par le mauvais Sort des Armes, & par l'imprudence, la lâcheté, ou la malice de quelques-uns de ceux qui commandoient les Vôtres, la fin couronna l'Oeuvre par la prise de Brisac, emportée par un long Siége, deux Batailles, & divers Combats tentez pour le secourir.

Au reste, vous ne sçûtes pas plûtôt le mauvais Evénement du Siége de Saint Omer, que V. M. portant sa Personne au lieu, où il sembloit qu'on pouvoit craindre quelques fâcheux Evénemens, elle arrêta le cours du malheur de ses Armes, en faisant prendre & razer Renty, Fort grandement incommode à la Frontiére.

Ensuite dequoi le Castelet, la seule de vos Places qui étoit entre les mains de vos Ennemis, fut emportée par force à leur veuë, sans qu'ils osassent s'opposer à l'effet de vos Armes.

La Bataille Navale en laquelle quatorze Galéres, & quatre Vaisseaux Dunkerquois; tous retirez dans l'Anse de Gattary sous cinq Batteries de terre, pour n'oser tenir la Mer devant dix-neuf des Vôtres, furent tous brûlez, ou coulez à fond, avec perte de plus de quatre à cinq mille Hommes, de cinq cens Canons, & d'une grande quantité de Munitions de Guerre pour le Secours de Fontarabie, sont des bons contrepoids, non des pertes que vous fistes à Saint Omer & à Fontarabie qui ne furent pas grandes; mais du gain que vous manquâtes à faire par la prise de ces Places.

Si l'on joint à cet Avantage celui que vous eûtes auparavant, lorsque vos Armes firent perdre à vos Ennemis dans le Port du Passage quatorze grands Vaisseaux, grand nombre de Canons, Drapeaux, & de toutes sortes de Munitions; On trouvera que si les Espagnols marquent cette année pour leur avoir été favorable, ils s'estiment heureux, quand leur malheur est moindre que leur crainte.

Enfin

Enfin le Combat des Galéres, peut-être le plus célébre qui ait jamais été donné en Mer, où quinze des Vôtres en attaquérent autant d'Espagne, & les combatirent avec un si grand Avantage que vos Ennemis y perdirent quatre à cinq mille hommes, & six Galéres; Entre lesquelles une Capitane & deux Patrones ne signalérent pas peu une si glorieuse Action.

Ce Combat, dis-je, fait voir que la Prudence de vôtre Conduite n'a pas été seulement accompagnée de Bonheur; mais que la hardiesse de ceux qui ont commandé vos Armes en a été suivie.

Plusieurs choses sont à remarquer dans cette Guerre.

La premiére chose est. Que V. M. n'y est entrée que lors qu'Elle n'a pû l'éviter, & qu'Elle n'en est sortie que lors qu'Elle l'a dû faire.

Cette Remarque est d'autant plus glorieuse à V. M. qu'êtant en Paix, elle a été plusieurs fois conviée par ses Alliez à prendre les Armes, sans le vouloir faire; Et que pendant la Guerre, ses Ennemis lui ont souvent proposé une Paix particuliére, sans qu'Elle y ait jamais voulu entendre, parce qu'Elle ne devoit pas se séparer des Intérêts de ses Alliez.

Ceux

Ceux qui sçauront que V. M. a été abandonnée de divers Princes, qui avoient liaison avec Elle, sans en vouloir abandonner aucun; & qu'encore que quelques-uns de ceux qui sont demeurez fermes en son Parti, lui ayent manqué en diverses choses importantes; ils ont toûjours reçû de V. M. des effets conformes à ses Promesses; Ceux-là, dis-je, reconnoîtront que si le Bonheur de V. M. a paru grand dans le bon Succez de ses Affaires sa Vertu n'est pas moindre que son Bonheur.

Je sçai bien que si Elle eût manqué à sa Parole, elle eût beaucoup perdu de sa Reputation, & que la moindre perte de ce genre fait qu'un Grand Prince n'a plus rien à perdre. Mais ce n'est pas peu que d'avoir satisfait à son devoir en diverses occasions, où la vangeance & le repos naturellement désiré aprés la Guerre, donnoient lieu de faire le contraire.

Il n'a falu pas moins de Prudence que de force, ni moins d'effort d'Esprit que d'Armes, pour persister presque seul au même Dessein qu'on pensoit faire réüssir par l'Union de plusieurs.

Cependant il est vrai que la défection de plusieurs Princes * d'Allemagne; Que

(* Saxe abandonna premiérement le Roi de Suede, Brandebourg, le Langrave de Hesse, plusieurs Villes Anseatiques Wirtemberg, Parme, & Mantoüe.)

Que la Retraite que le Duc de Parme fut contraint de faire de vôtre Parti par la nécessité de ses Affaires; Que la mort du Duc de Mantouë, & la légéreté de sa Douairiére Mére du Jeune Duc qui ne fut pas plûtôt Maîtresse, qu'oubliant les obligations qu'elle avoit à la France; Elle se tourna contre elle ouvertement; Que le Déceds du Duc de Savoye, & l'imprudence de sa Veuve, qui se perdit pour ne vouloir pas souffrir qu'on la sauvât; Il est vrai, dis-je, que tous ces Accidens n'ont point ébranlé la Fermeté de V. M. & qu'encore qu'ils altérassent ses Affaires, ils ne lui firent jamais changer ses Desseins.

La seconde Remarque digne de grande considération en ce sujet est, que V. M. n'a jamais voulu pour se garantir du péril de la Guerre, exposer la Chrêtienté à celui des Armes des Ottomans, qui lui ont souvent été offertes.

Elle n'ignoroit pas qu'Elle accepteroit un tel Secours avec Justice, & cependant cette connoissance n'a pas été assez forte pour lui faire prendre une Resolution hazardeuse pour la Religion, mais avantageuse pour avoir la Paix.

L'exemple de quelques-uns de ses

Prédécesseurs ; & de divers Princes de la Maison d'Autriche, qui affecte particuliérement de paroître aussi Religieuse devant Dieu, qu'elle l'est en effet à ses propres Intérêts, s'est trouvé trop foible pour la porter à ce que l'Histoire nous apprend avoir plusieurs fois été pratiqué par d'autres.

La troisiéme Circonstance qui a causé de l'étonnement en cette Guerre, est le grand nombre d'Armées & de Sommes avec lesquelles il a falu la soûtenir.

Les plus Grands Princes de la Terre ayant toûjours fait difficulté d'entreprendre deux Guerres à la fois ; La Postérité aura de la peine à croire que ce Royaume ait été capable d'entretenir separément, à ses seuls dépens, trois Armées de Terre, & deux Navales, sans compter celles de ses Alliez, à la Subsistance desquêles il n'a pas peu contribué.

Cependant il est vrai, qu'outre une puissante Armée de vingt mille Hommes de Pied & de six à sept mille Chevaux, que vous avez toûjours euë en Picardie pour attaquer vos Ennemis, vous en avez eu en la même Province, une autre composée de dix mille Hommes de pied, & de quatre mille Chevaux, pour empêcher l'entrée de cette Frontiére.

Il eſt vrai de plus, que vous en avez toûjours eû une en Champagne de même nombre, que cette derniére.

Une en Bourgogne de pareille force.

Une non moins puiſſante en Allemagne.

Une autre auſſi conſidérable en Italie, & encore une dans la Walteline pendant certain temps. Et ce qui eſt digne d'admiration la plus grande part ont plûtôt été deſtinées à attaquer qu'à ſe défendre.

Bien que vos Prédéceſſeurs ayent mépriſé la Mer juſqu'à ce point, que le Feu Roi vôtre Pére, n'avoit pas un ſeul Vaiſſeau, V. M. n'a pas laiſſé d'avoir en la Mer Mediterranée pendant le cours de cette Guerre; vingt Galéres & vingt Vaiſſeaux Ronds, & plus de ſoixante bien équipez en l'Ocean. Ce qui n'a pas ſeulement diverti vos Ennemis de divers Deſſeins qu'ils avoient formez ſur vos Côtes, mais leur a fait autant de mal, qu'ils penſoient nous en cauſer.

Vous avez de plus tous les ans ſecouru les Hollandois de douze cens mille livres, & quelques fois de davantage, & le Duc de Savoye de plus d'un million.

La Couronne de Suede de pareille ſomme.

Le

Le Landgrave de Hesse de deux cent mille Risdalles ; & divers autres Princes de diverses autres sommes ; selon que les occasions l'ont requis.

Ces Charges si excessives ont fait que la dépense de chacune des cinq années, que la France a supporté la Guerre, a monté à plus de soixante millions ; ce qui est d'autant plus admirable, qu'elle a été soûtenuë sans prendre les Gages des Officiers, sans toucher au Révenu des Particuliers, & même sans demander aucune Aliénation du Fonds du Clergé, tous moyens extraordinaires, ausquels vos Prédécesseurs ont été souvent obligez de recourir en de moindres Guerres.

Ainsi soixante millions de dépense, par chacune de ces cinq années, cent cinquante mille hommes de pied, tant pour les Armées que pour les Garnisons de vos Places, & plus de trente mille Chevaux, seront à la Postérité un Argument immortel de la Puissance de cette Couronne.

Si j'ajoûte que ces diverses Occupations ne l'ont pas empêchée de fortifier en même tems si parfaitement toutes les Frontiéres, qu'au lieu qu'elles étoient auparavant ouvertes de toutes parts à ses Ennemis, ils ne peuvent main-

maintenant les regarder qu'avec étonnement, je toucherai un nouveau Point non moins considérable à la Postérité, puis que mettant pour jamais ce Royaume en seureté, elle en recevra à l'avenir autant de Fruit, que V. M. en a reçû par le passé de travaux & de peines.

Ceux à qui l'Histoire apprendra les Traverses que V. M. a rencontrées dans tous ces grands Desseins, par l'envie que ses Prospéritez, & la crainte de sa Puissance lui ont attirée de divers Princes Etrangers, par le peu de Foi de quelques-uns de ses Alliez, par la Perfidie de ses mauvais Sujets, par un Frére mal conseillé en certains tems, par une Mére toûjours possedée de mauvais Esprits, depuis que s'étant voulu priver des Conseils de V. M. elle avoit distingué ses Intérêts de ceux de son Etat, reconnoissant que tels obstacles ne relévent pas peu vôtre Gloire, reconnoissant aussi que les grands Cœurs ayant formé de grands Desseins, ne peuvent être détournez par les difficultez qui s'y rencontrent: S'ils considerent de plus la Légereté naturelle de cette Nation, l'Impatience des Gens de Guerre, peu accoûtumez aux fatigues inévitables dans le cours des Armes, & enfin la foiblesse des Instrustrumens dont la nécessité vous a contraint de vous servir en ces occasions, entre lesquels je prens le premier rang; ils seront contraints d'avouer, que rien n'a supplée au défaut des Outils; que l'Excellence de V. M. qui étoit l'Artisan. * * * *

Voila, SIRE, jusqu'à présent quelles ont été les Actions de V. M. que j'estimerai heureusement terminées, si elles sont suivies d'un Repos, qui vous donne moyen de combler vôtre Etat de toutes sortes d'Avantages.

Pour ce faire, il faut considérer les divers Ordres de vôtre Royaume; l'Etat qui en est composé; Vôtre Personne qui est chargée de sa conduite; & les moyens qu'elle doit tenir pour s'en aquiter dignement; ce qui ne requiert autre chose en général, Que d'avoir un bon & fidel Conseil; faire état de ses Avis, & suivre la Raison dans les Principes qu'elle prescrit pour le Gouvernement de ses Etats; C'est à quoi se reduira le reste de cet Ouvrage, traitant distinctement ces Matiéres en divers Chapitres subdivisez en diverses Sections, pour les éclaircir plus méthodiquement.

RE-

REFORMATION DES DIVERS ORDRES DE L'ÉTAT.

ON pourroit faire des Volumes entiers sur le sujet des divers Ordres de ce Royaume ; mais ma fin n'étant pas telle que celle de beaucoup d'autres, qui se contentent de bien discourir de toutes les Parties d'un Etat ; sans considérer si le Public tirera utilité de leur Raisonnement, ou n'en tirera pas. Je me restraindrai à représenter en peu de mots à V. M. ce qui est le plus important pour procurer l'Avantage de tous vos Sujets en leurs diverses Conditions.

CHAPITRE II.

De la Réformation de l'Ordre Ecclésiastique.

SECTION I.

Qui représente le mauvais Etat où l'Eglise étoit au commencement du Régne du Roi ; celui auquel elle est maintenant ; & ce qu'il faut faire pour la mettre en celui auquel elle doit être.

QUAND je me souviens que j'ai vû dans ma Jeunesse les Gentilshommes & autres Personnes Laïques, posséder par Confidence, non seulement la plus grand part des Prieurez & Abbayes, mais aussi des Cures & Evêchez, & quand je considére qu'en mes premiéres années, la Licence étoit si grande dans les Monastéres d'Hommes & de Femmes, qu'on ne trouvoit en ce tems-là, que des Scandales & des mauvais Exemples en la plûpart des Lieux où l'on devoit chercher de l'Edification, j'avoüe que je ne reçois

çois pas peu de Consolation, de voir que ces Desordres ayent été si absolument bannis sous vôtre Régne, que maintenant les Confidences & le Déréglement des Monastéres soient plus rares que les légitimes Possessions, & les Religions bien vivantes l'étoient en ce tems-là.

Pour continuer & augmenter cette Bénédiction, V. M. n'a autre chose à faire, à mon avis, que d'avoir un soin particulier de remplir les Evêchez de Personnages de Mérite & de Vie Exemplaire; de ne point donner les Abbayes & autres Bénéfices Simples de sa Nomination, qu'à des Personnes de Probité, de priver de sa Veuë & de sa Grace ceux qui ménent une vie trop libre dans une si Sainte Condition; comme est celle qui lie particuliérement les Hommes à Dieu, & de châtier exemplairement les Scandaleux.

On pourroit proposer beaucoup d'autres Expédiens pour la Réformation du Clergé; mais pourvû que V. M. veüille observer ces quatre Conditions, & traiter favorablement les Gens de bien de cette Profession; Elle satisfera à son devoir, & rendra les Ecclésiastiques de son Etat, ou tels en effet qu'ils doivent être, ou au moins si Prudens, qu'ils travaillent à le devenir.

Je

Je dois à ce propos représenter à V. M. qu'il faut bien prendre garde à ne se tromper pas au jugement de la capacité des Evêques.

Tel pour être Savant, peut être capable, qui en effet se trouvera mal propre à cette Charge, qui outre la Science, requiert Zéle, Courage, Vigilance, Piété, Charité, & Activité, tout ensemble.

Il ne suffit pas seulement d'être honnête & Homme de Bien, pour être bon Evêque, mais étant bon pour soi, il faut de plus l'être pour les autres.

J'ai souvent appréhendé que les Gens de bonne Maison se continssent plus difficilement en leur Devoir, & fussent moins réglez en leur vie, que d'autres: Beaucoup touchez de cette crainte, estiment que les Docteurs d'aussi bonne Vie, que de basse Naissance sont plus propres à tels Emplois, que ceux qui sont d'Extraction plus haute; mais il y a beaucoup de choses à considérer sur ce Sujet.

Pour avoir un Evêque à souhait, il le faudroit Savant, plein de Piété, de Zéle, de bonne Naissance; parce que d'ordinaire l'Autorité requise en telles Charges, ne se trouve que dans les Personnes de Qualité. Mais étant difficile

cile de rencontrer toutes ces Conditions en un même Sujet; je dirai hardiment que les bonnes Moeurs, qui sans contredit doivent être considérées plus que toutes autre choses, étant presupoſées, la Qualité & l'Autôrité, qui d'ordinaire est sa Compagne, doivent être préféré à la plus grande Science: Ayant souvent vû des gens Doctes fort mauvais Evêques, ou pour n'être pas propres à gouverner à cause de la bassesse de leur Extraction, ou pour vivre avec un ménage, qui ayant du raport avec leur Naissance, approche beaucoup de l'avarice; au lieu que la Noblesse qui a de la Vertu, a souvent un particulier désir d'honneur & de gloire, qui produit les mêmes effets que le Zéle causé par le pur Amour de Dieu; qu'elle vit d'ordinaire avec lustre & libéralité conforme à telle Charge; & sçait mieux la façon d'agir & converser avec le Monde.

Il faut sur tout qu'un Evêque soit humble & charitable, qu'il ait de la Science & de la Piété, un courage ferme, & un zéle ardent pour l'Eglise, & pour le Salut de ses Ames.

Ceux qui recherchent les Evêchez par ambition & par interêt, pour faire leur Fortune, sont d'ordinaire ceux qui s'attachent à faire leur Cour, pour obtenir par importunité, ce qu'ils ne peuvent esperer de leur Merite ; aussi ne doit-on pas les choisir, mais ceux qui sont appellez de DIEU à cet Etat ; ce qui se connoît par leur maniére de Vie differente, ceux-cy s'exerçant aux Fonctions Ecclésiastiques, qui se pratiquent dans les Séminaires ; & il seroit fort utile que V. M. déclarât qu'elle ne choisira que ceux qui auront passé un tems considerable aprés leurs Etudes, à travailler ausdites Fonctions dans les Séminaires, qui sont les Lieux établis pour les apprendre ; n'étant pas raisonnable que le plus difficile, & le plus important Métier du Monde, s'entreprenne sans l'avoir appris, veu qu'il n'est pas permis d'exercer les moindres & les plus vils, sans en avoir fait plusieurs années d'Apprentissage.

Aprés tout, la meilleure Régle qu'on puisse avoir en ce Choix, est de n'en avoir point de générale ; mais de choisir quelques-fois des Gens Sçavans, d'autres-fois des Personnes moins Lettrées & plus Nobles ; des Jeunes-Gens en certaines occasions ; & des Vieux en d'autres, selon que les Sujets de ces diverses conditions

se

se trouveront propres au Gouvernement.

J'ay toûjours eu cette Pensée, mais quelque soin qu'on ait pû prendre de s'en bien servir, j'avouë avoir été quelques-fois trompé, aussi est-il trés-difficile de ne l'être pas en des Jugemens d'autant moins aisez, qu'il est presque impossible de pénétrer l'Intérieur des Hommes, ou d'arrêter leur Inconstance.

Ils n'ont pas plûtôt souvent changé de Condition, qu'ils changent d'Humeur, ou pour mieux dire qu'ils découvrent celle qu'ils avoient dissimulée jusqu'alors, pour parvenir à leurs Fins.

Pendant que de tels Esprits vivent dans la misére, ils n'ont autre soin que de donner des Apparences de beaucoup de Bonnes Qualitez, qu'ils n'ont pas, & lors qu'ils sont parvenus à ce qu'ils désirent, ils ne se contraignent plus à cacher les Mauvaises, qu'ils ont toûjours euës.

Cependant si on apporte les Précautions que je propose au Choix qu'on voudra faire, quand même elles ne réussiroient pas toûjours; on sera suffisamment déchargé devant DIEU, & je dis hardiment, que V. M. n'aura rien à craindre, pourvû qu'obligeant ceux qui auront été choisis, avec cette Circonspection de resider dans leurs Diocéses, d'y établir des Séminaires pour l'Instruction de leurs Ecclésiastiques, d'y visiter leur Troupeau, ainsi qu'ils y sont obligez par les Canons, Elle leur donne le moyen de s'acquitter de ce Dévoir avec Fruit.

Je parle ainsi, SIRE, parce qu'il leur est maintenant tout-à-fait impossible par les Entreprises que les Officiers de V. M. font tous les jours sur leur Jurisdiction.

Six choses sont pareillement à désirer, pour faire que les Ames qui leur sont commises, reçoivent d'eux toute l'Assistance qu'elles en doivent attendre.

Trois dépendent de vôtre propre Autorité; une de Rome simplement; & les deux autres de Rome, & de vôtre Autorité tout ensemble.

Les trois premiéres sont les Réglemens des Appels comme d'Abus, celui des Cas Privilégiez, & la Suppression de la Régale prétenduë pour la Ste. Chapelle de Paris, sur la plus grande partie des Evêchez de ce Royaume; jusques à ce que ceux qu'y nomme V. M. ayent fait leur Serment de Fidélité.

La quatriéme est un Réglement en la Pluralité des Sentences requises par les Canons, pour la Punition d'un Crime commis par un Ecclésiastique, afin que les coupables ne puissent à l'avenir s'exempter du châtiment qu'ils méritent, par les longueurs des Formalitez qui se pratiquent.

Et les deux autres, qui dépendent de l'Autorité Souveraine de l'Eglise; & de la Vôtre tout ensemble, sont les Exemptions des Chapîtres, & le Droit de présenter aux Cures, qu'ont divers Abbez, & divers Seculiers.

Il faut examiner distinctement ces Points l'un aprés l'autre.

SECTION II.

Des Appels comme d'Abus.

JE n'entreprens pas en ce lieu d'éclaircir l'Origine des Appels comme d'Abus, comme une chose dont la connoissance soit absolument nécessaire, pourvû qu'on sçache aporter Reméde à un tel Mal, il importe peu de sçavoir quand il a commencé.

Je sçai bien qu'il est si difficile de découvrir la vraye source de cette Pratique; que l'Avocat Général Servien avoit accoûtumé de dire, que s'il eut connû l'Auteur d'un si bon Réglement, il lui eut fait ériger une Statuë.

Cependant il y a trés-grand lieu de croire, que le premier fondement de cet Usage, vient de la Confiance que les Ecclésiastiques prirent en l'Autorité Royale, lors qu'étant maltraitez par les Anti-Papes Clément VII. Benoît XIII. & Jean XXIII. Réfugiez en Avignon, ils eurent recours au Roi Charles VI. lors Régnant, pour être déchargez des Annates, des Pensions, & des Subsides extraordinaires qu'ils leurs imposoient fort souvent.

Les Plaintes du Clergé de France ayant porté ce Roi à faire une Ordonnance qui défendoit l'Exécution des Rescrits, Mandats, & Bulles que les Papes pourroient donner à l'avenir, au préjudice des Franchises & Libertez dont l'Eglise Gallicane étoit joüissante.

Cet Ordre donna lieu aux premiéres entreprises des Officiers du Roi sur la Jurisdiction Ecclésiastique.

Cependant il ne fut pas plûtôt fait, que la crainte qu'ils eurent d'en recevoir du préjudice, au lieu d'en retirer l'avantage qu'ils désiroient; porta le Roi à en surseoir l'Exécution quelques années. Ensuite la continuation des

Véxa-

Véxations dont les Bénéfices étoient travaillez, les fit exécuter pendant le cours de quelques années ; aprés lesquelles il fut enfin supprimé par le Roi Charles VII. au commencement de son Régne, à cause des divers Abus qui se commettoient en sa Pratique.

L'expérience du mauvais usage d'un tel Ordre, obligea le Clergé à suporter patiemment pour un tems les mauvais traitemens qu'ils recevoient des Officiers de la Cour de Rome.

Mais enfin le redoublement des exactions qui se faisoient sur eux, les contraignit de s'assembler à Bourges en 1438. pour aviser aux moyens de s'en délivrer. Cette Assemblée célébre par le nombre & le mérite des Prélats qui s'y trouvérent, examina soigneusement les divers maux dont l'Eglise étoit affligée ; & jugea que le meilleur remede qu'on y pouvoit apporter, étoit de recevoir les Décrets du Concile de Bâle ; qui reduisant presque toutes choses à la Constitution du Droit Commun & Canonique, ôtoit tout moyen aux Officiers de la Cour de Rome, de rien entreprendre contre le Clergé.

Ensuite elle forma une Pragmatique des Décrets de ce Concile, dont elle resolut l'exécution, sous le bon Plaisir du

Roi, qu'elle suplia d'en être le Protecteur.

Le Roi adhérant aux supplications de son Clergé, enjoignit par Ordonnance expresse à ses Juges Royaux * de faire observer religieusement la Pragmatique qu'il avoit resoluë ; Et c'est de là que le mal que l'Eglise souffre maintenant en ce Royaume, par l'entremise des Officiers du Roi, reprit nouvelles forces, aprés le commencement qu'il avoit eu sous le Régne de Charles VI. Et c'est de là que les Parlemens ont pris occasion de s'attirer la connoissance de la plus grande partie, de ce qui n'appartient qu'au Tribunal de l'Eglise de Dieu.

Il leur fut fort aisé de s'attribuer à l'exclusion des Juges Subalternes, ce qui premiérement n'avoit été commis qu'à eux, & d'étendre sous ce prétexte leur pouvoir au delà de ses justes bornes, puisqu'ils n'avoient à combattre en ce point que des Inférieurs.

Dans l'établissement du premier Ordre, fait pour remédier aux infractions de

(*Les Juges Royaux avoient déja un peu commencé à s'attirer la connoissance de ce qui n'appartient qu'à l'Eglise, sous prétexte du Possessoire des Bénéfices, dont la Bulle du Pape Martin, faite en l'an 1439. leur attribuë la connoissance.)

de la Pragmatique Sanction, les Appels * n'avoient point de lieu. On châtioit seulement ceux qui obtenoient des Rescrits, ou des Mandats de la Cour de Rome contre le Droit Commun, sur la seule plainte qui en étoit faite & avérée, & ce sans prendre connoissance du fond de la Cause.

Depuis, le tems qui change toutes choses, joint à la Puissance, qui semblable au feu attire tout à soi, a fait que d'un tel Ordre établi pour la conservation du Droit Commun, & des Franchises de l'Eglise Gallicane, contre les entreprises de Rome, on a passé aux Appels comme d'Abus, dont le déréglement anéantit tout à fait la Jurisdiction des Prélats François, & celle du Saint Siége tout ensemble.

Je sçai bien que les plus subtils Partisans des Parlemens, pour autôriser leur Pratique peuvent dire, que les Prélats assemblez à Bourges, ayant suplié le Roi d'empêcher par ses Officiers que le Saint Siége ne contrevint à la Pragmatique, lui ont tacitement donné droit de s'opposer aux Contraventions qui pourroient

(* Ce premier Réglement n'eût jamais, ni le Nom, ni la Fin, ni l'Effet des Appels comme d'Abus.)

y être faites par eux-mêmes. Ce qui donne lieu de prendre connoissance des Sentences qui se donnent tous les jours en leur Tribunal.

Mais on peut en ce lieu alléguer le Proverbe qui est véritable, qu'il n'y a dans le marché que ce qu'on y met, & que c'est une chose aussi certaine qu'évidente, que l'Eglise Gallicane assemblée à Bourges, n'a jamais pensé à ce que prétendent ces Messieurs, & qu'elle n'a pas même eû lieu de le faire.

Elle a eû recours au Roi contre les Entreprises de Rome, parce que le Saint Siége n'ayant point de Tribunal Supérieur en Terre; les seuls Princes Temporels, comme Protecteurs de l'Eglise, peuvent arrêter le cours des déréglemens des Officiers de Rome, au lieu que les entreprises des Evêques peuvent être reprimées par leurs Supérieurs, vers lesquels l'on peut & l'on doit se pourvoir.

Enfin celui qui donne des armes à son Ami, pour le défendre, ne doit jamais être censé les lui mettre en main pour le tuer. Les Parlemens ne sçauroient prétendre que la Protection que les Prélats assemblez à Bourges, ont demandée au Roi, donne droit à ses Officiers d'opprimer leur Juridiction.

Cepen-

Cependant comme les maux sont plus grands en leurs progrez & en leurs périodes, qu'en leur commencement, le Dessein des Parlemens couvert de divers voiles en certain tems, commença de paroître sans masque au Siécle précédent * sous le Roi François Premier, qui a été celui qui s'est le premier servi du Nom * d'Appel comme d'Abus dans ses Ordonnances.

Plusieurs connoissant le mauvais fondement de cet Usage, dont l'Eglise se plaint maintenant, penseront, peut-être, que pouvant être aboli avec Justice, il seroit à propos d'en user ainsi; mais j'estime qu'un tel changement feroit plus de mal que celui qu'on veut éviter, & qu'il n'y a que l'abus d'un tel Ordre qui soit dommageable.

Quelque fondement que puisse avoir l'Usage, qui est maintenant prati-

[* Ordonnance de 1539.]

(* Le mot tire son Origine de la pratique des Procureurs & des Avocats, lesquels suivant l'Ordre de se pourvoir au Parlement par Appel, donnerent aussi ce Nom au Recours que les Ecclésiastiques y avoient.)

qué, il eſt certain que lors qu'on l'a voulu établir ouvertement, on n'a prétendu s'en ſervir que pour arrêter le cours des Entrepriſes que les Juges Eccléſiaſtiques pouvoient faire ſur la Juriſdiction Royale.

Depuis on ne s'eſt pas contenté de s'en ſervir contre les contraventions faites aux Ordonnances du Royaume, qui embraſſent beaucoup de matiéres autres que la Juridiction, mais on l'a encore étendu à celles des Saints Canons, & des Décrets de l'Egliſe & du Saint Siége, & enfin par excez d'abus, à toutes ſortes de matiéres, où les Laïques prétendent lézion de Police, laquelle ils ſoûtiennent appartenir aux ſeuls Officiers du Prince.

On pourroit demander avec raiſon, que l'effet de ce reméde fût reſtraint dans ſes premiers termes, qui n'avoient autre étenduë que l'entrepriſe de la Juridiction Royale, ſuffiſamment réglé par l'Article premier de l'Ordonnance de 1539. Mais pour ôter tout prétexte de lézion aux Officiers du Prince, & faire qu'ils ne puiſſent avec apparence prétendre, qu'il leur eſt impoſſible de faire obſerver les Ordonnances, à cauſe des entrepriſes de l'Egliſe; j'eſtime qu'elle peut

peut consentir qu'il y ait lieu d'Appel comme d'Abus, lors que les Juges prononceront directement contre les Ordonnances, qui est le seul Cas, où Charles IX. & Henri III. par l'Article 59. de l'Ordonnance de Blois, veulent qu'ils soient admis. Pourvû que sous ce prétexte on ne les étende pas aux Contraventions faites aux Canons & aux Décrets, entant que beaucoup d'Ordonnances, particuliérement les Capitulaires de Charlemagne, répétent souvent la méme teneur de celle de l'Eglise.

Je sçai bien qu'il sera malaisé de faire une indiction si exacte des Ordonnances aux fins que je prétens, qu'il n'arrive quelques-fois du déréglement à quelque Réglement qu'on puisse faire; Mais il est vrai que s'il ne se trouve point de difficulté dans la Volonté des Officiers du Roi, qui auront charge d'exécuter les Sennes, l'Ordre qu'il lui plaira sans peine leur donner leur servira de Régle.

La Prétention qu'ont les Parlemens, que lors que les Juges Ecclésiastiques jugent contre les Canons, & les Décrets, dont les Rois sont Exécuteurs & Protecteurs, c'est à eux à corriger l'abus de leurs Sentences; est en effet une entreprise si dénuée de toute appa-

apparence de Justice, qu'elle est tout-à-fait insuportable.

Si toute l'Eglise jugeoit contre les Canons & Décrets, on pourroit dire que le Roi, qui en est Protecteur, pourroit & dévroit les soûtenir par une voye extraordinaire, émanée de son Autorité; mais puis que lors qu'un Juge a prononcé contre leur teneur, la Sentence peut être infirmée & lui redressé par son Supérieur; les Officiers du Prince ne peuvent, sans mettre la main à l'Encensoir, & sans un abus manifeste, vouloir faire ce qui n'appartient qu'à ceux qui sont particuliérement consacrez à DIEU. Et lors qu'ils en usent ainsi, auparavant que la derniére Sentence de l'Eglise soit donnée, leur entreprise n'est pas seulement dénuée de Justice, mais même de toute apparence.

Le Dessein qu'ont encore les Parlemens, de traduire toute la Juridiction Spirituelle & Ecclésiastique, au Tribunal des Princes, sous prétexte de la Justice Temporelle, n'est pas moins destitué de fondement & d'apparence; Cependant il n'y a point de Présidial ni de Juge Royal, qui ne veüille ordonner du tems des Processions, de l'heure des Grandes Messes, & de plu-

plusieurs autres Cérémonies, sous couleur de la Commodité Publique; Ainsi l'Accessoire tire le Principal, & au lieu que le Culte de DIEU doit marcher le premier, & donner la Régle à toutes les Actions Civiles, il n'aura plus de lieu, qu'entant que les Officiers Temporels des Princes le voudront permettre.

Je sçai bien que la mauvaise Justice qui se rend quelques-fois par ceux qui exercent la Jurisdiction Ecclésiastique, & les longueurs de Formalitez prescrites par les Canons, donnent un Prétexte spécieux aux entreprises des Officiers du Roi; mais ce ne peut être avec raison, puis qu'un inconvénient n'en établit pas un autre, mais oblige à les corriger tous deux, qui est ce que je prétens faire voir cy-aprés.

Je passerois volontiers sous silence la Prétention qu'ont encore les Parlemens de rendre abusif tout ce qui se juge contre leurs Arrêts, ausquels par ce moyen ils veulent donner même force qu'aux Ordonnances, si je n'étois obligé de faire voir, que cet Abus est d'autant moins suportable, que par une telle entreprise ils veulent égaler leur Autorité à celà celle de leur Maître & de leur Roi.

Le Mal que l'Eglise reçoit de pareilles Entreprises est d'autant plus insuportable, qu'il empêche absolument les Prélats de faire leurs Charges. Si un Evêque veut punir un Ecclésiastique, il se soustrait aussi-tôt à sa Juridiction par un Appel comme d'Abus; Si en faisant sa visite il fait quelque Ordonnance, l'Effet en est aussi-tôt empêché, parce que bien qu'en matiére de Discipline les Appels soient seulement Dévolutifs, les Parlemens les rendent Suspensifs contre toute raison.

Enfin on peut dire avec vérité que l'Eglise est aux Fers, & que si ses Ministres ont les yeux ouverts, ils ont les mains liées; en sorte qu'en connoissant les maux, il n'est pas en leur pouvoir d'y apporter réméde.

Ce qui me console en cette extrémité, c'est que ce qui est en ce sujet impossible à l'Eglise, sera facile à V. M. de la seule Volonté de laquelle dépend le réméde à de tels déréglemens.

La premiére chose qu'il faut faire pour s'en garentir, est d'ordonner qu'à l'avenir les Appels comme d'Abus, ne soient plus admis, qu'au cas d'une manifeste entreprise sur la Juridiction Royale, & d'une évidente contravention aux Ordondonnances purement émanées de l'Autorité Temporelle des Rois, & non de la spirituelle de l'Eglise.

Cette Ordonnance présupposée, Si pour la faire religieusement observer V. M. fait un Réglement, qui contienne six Chefs, Elle empêchera par même moyen, & les entreprises de l'Eglise, & celles des Parlemens.

Le premier Chef de ce Réglement, doit obliger à faire qu'à l'avenir, tous les Appels comme d'Abus soient Scellez du Grand Sceau pour le Parlement de Paris, & qu'en tous les autres, que l'éloignement de vôtre Cour contraint à se servir du Petit Sceau, ils ne puissent être Scellez, qu'au préalable trois Anciens Avocats n'ayent affirmé sous leur Sein, qu'il y a lieu d'Abus, se sosmettant à l'Amende, s'il se trouve autrement.

Le Second doit déclarer, que tout Appel interjetté en matiére de Discipline, sera seulement * Devolutif, & non Suspensif.

Le

(* Pareil Reméde fût pratiqué 15. ans aprés la Pragmatique, pour arrêter le cours des Usurpations des Juges Seculiers, sur la Iuridiction Ecclésiastique; il fût ordonné que ceux qui voudroient obtenir des Lettres de la Chancellerie, pour s'opposer aux Rescrits & Lettres de Papes, seroient obligez de cotter évidemment les moyens par lesquels ils prétendoient justifier que la Pragmatique étoit enfreinte.)

Le Troisiéme doit faire que l'Abus dont on se plaindra soit spécifié, & dans le Relief d'Appel, & dans la Sentence qui interviendra sur icelui; Ce qui est d'autant plus nécessaire, qu'il est souvent arrivé par le passé, que bien qu'il n'y ait Abus qu'en un défaut de Formalité, ou en un seul point de la Sentence, qui en contient plusieurs, lors que le Parlement prononce qu'il y a Abus, on tient la Sentence infirmée en tous ses Chefs; bien qu'elle ne le doive être qu'en une de ses Circonstances, qui d'ordinaire n'est pas importante.

Le Quatriéme doit astreindre les Parlemens, à mettre les Causes des Appels comme d'Abus, les premiéres sur le Roole, & à les faire appeller & juger préferablement à toutes les autres, sans les apointer; pour éviter la longueur, qui est souvent désirée par ceux qui n'ayant autre Fin que d'éluder la punition de leurs crimes, n'ont autre but que de lasser leurs Juges ordinaires, dont ils sont Appellans: & qu'il n'est pas raisonnable de priver le Public de l'Administration de la Justice Ecclésiastique,

que, rendant ceux qui en sont les Principaux Officiers, simples Solliciteurs devant un Tribunal inferieur au leur.

Le Cinquéme imposera la nécessité aux Parlemens, de condamner toûjours à l'Amende & aux Dépens, ceux qui auront mal appellé sans les en pouvoir dispenser, pour quelque cause, & sous quelque prétexte que ce puisse être, & à les renvoyer devant les mêmes Juges, dont ils se seront portez pour Appellans sans raison; Ce qui est d'autant plus nécessaire, que sans ce reméde il seroit libre à tous Criminels de se soustraire à la Juridiction ordinaire, en interjettant un Appel comme d'Abus, sans raison.

Or parce que les meilleures Ordonnances & les plus justes Réglemens sont souvent méprisez par ceux qui doivent plus religieusement les observer, & que la licence des Cours Souveraines passe souvent jusqu'à ce point, que de violer ou reformer vos Ordres, ainsi que bon leur semble; Pour rendre vos Volontez effectives, & faire que V. M. soit obeïe en un Point si important, la raison veut qu'à ces cinq premiers Chefs Vous en ajoûtiez un sixiéme, qui sera un Reméde aussi puissant

pour

pour contraindre vos Officiers à faire leur devoir en ce sujet, comme celui des Appels comme d'Abus est excellent pour empêcher les Juges Ecclésiastiques de manquer au leur dans l'exercice de leur Juridiction.

Ce remède ne requiert autre chose que la permission que vous demande tout vôtre Clergé d'appeller de Vous à Vous-même ; Se pourvoyant à vôtre Conseil, lorsque les Parlemens manquent à observer vos Ordres & vos Reglemens.

Cela est d'autant plus raisonnable, qu'au lieu que pour reprimer les entreprises de l'Église, se pourvoyant devant vos Juges, on se pourvoit à un Tribunal d'un Ordre different & inférieur par sa nature ; Et qu'en se pourvoyant à vôtre Conseil, pour arrêter le cours de celles de vos Parlemens, on se pourvoit à un Ordre, qui est de même espece. Et sans contredit ceux mêmes qui envient les Franchises de l'Eglise, n'y sauroient trouver à redire, puisqu'au lieu de la rendre indépendante de la Juridiction temporelle, il augmente d'un dégré sa sujétion.

Enfin il sera d'autant plus avantageux à V. M. qu'en contenant la puissance de l'Eglise dans ses propres bornes,

nes, il restraindra aussi celle des Parlemens dans la juste étenduë qui leur est prescrite par la raison & par vos Loix.

Et outre le Commandement que V. M. fera à son Conseil d'user en ce sujet de la puissance qu'il a d'empêcher par vôtre Autôrité les entreprises de tous vos Sujets, & particuliérement celles de vos Officiers, qui exercent vôtre Justice en ce Royaume; Elle prend un soin de le remplir, non de gens dont la prétention & l'importunité sont les principaux titres qu'ils peuvent produire, pour obtenir leurs fins; mais de personnes choisies par leur pur mérite dans toute l'étenduë de vôtre Royaume; Elle aura le contentement de voir que ceux qui ne voudront pas se contenir dans les bornes de leur devoir par la raison, y seront contraints par la force de la Justice; Ce qui ne sera pas longtems continué, qu'on ne voye clairement que ce qui aura été forcé au commencement, sera enfin devenu volontaire.

SECTION III.

Des Cas Privilégiez.

LES Personnes qui se consacrent à Dieu, s'attachant à son Eglise, sont si absolument exemptées de la Juridiction Temporelle des Princes; qu'elles ne peuvent être jugées que par leurs Supérieurs Ecclésiastiques.

Le Droit Divin & celui des Gens établissent clairement cette Immunité. Le Droit des Gens en ce qu'elle a été reconnuë de toutes les Nations. Celui de Dieu par l'aveu de tous les Auteurs qui en ont écrit auparavant la Jurisprudence moderne du dernier Siécle.

L'Eglise a demeuré dans cette possession jusqu'à ce que le mauvais ordre qui s'est trouvé dans l'administration de la Justice Ecclésiastique, a donné lieu à l'ambition des Officiers des Princes Temporels d'en prendre connoissance.

Elle-même reconnoissant que le malheur des tems l'empêchoit de pouvoir reprimer par sa propre Force, beaucoup de desordres qui avoient pris pied en ceux qui étoient soûmis à sa Juridiction, se resolut pour ôter tout sujet

sujet de plainte, à raison de l'impunité des crimes qui se commettoient à l'ombre de son Autôrité, de donner pouvoir aux Juges Séculiers d'en connoître en certains Cas appellez Privilégiez, * parce qu'ils n'en pouvoient prendre connoissance qu'en vertu du Privilége qui leur étoit particuliérement accordé à cet effet.

Il faut noter à ce propos, qu'autres sont les Cas qui sont censez Privilégiez en tous États, & autres ceux qui sont particuliérement prétendus tels en France.

Les premiers se peuvent reduire à deux, qui sont l'Homicide volontaire fait de propos délibéré, & l'Apostasie manifeste, comme porter les Clercs à mépriser & délaisser la vie Ecclésiastique, à en quitter l'habit & vivre avec scandale dans le Monde, soit en portant les Armes, soit en faisant quelque autre action toute contraire à leur Profession.

Les seconds étoient au commencement en petit nombre. Lorsque la Pragmati-

(* Il y a 500. ans que cette distinction des Cas Privilégiez & du Délit Commun étoit inconnuë à l'Eglise : Le Délit Commun contient toutes les Fautes, dont la connoissance appartient au Tribunal Ecclésiastique.)

matique fut établie. Il n'y en avoit que deux; le port d'Armes & l'infraction de la Sauvegarde du Roi, mais peu à peu leur étenduë s'est augmentée.

Toute contravention à la Pragmatique a été estimée Cas privilégié.

Celle des Concordats a été mise ensuite en méme Cathegorie.

La Reconnoissance de Cédule devant le Juge Royal s'est aussi trouvée de même Genre.

Les Rapts, les Vols faits sur les grands Chemins, le Faux-témoignage, la Fausse-Monnoye, le Crime de Léze-Majesté, & tous les Cas énormes sont censez de même nature par les Parlemens.

Enfin s'ils en sont creus, toutes les fautes des Ecclésiastiques; même les simples injures se trouveront Cas privilégiez, il n'y a plus de Délit commun.

Les Crimes reconnus Privilégiez en tous Etats, le sont par le consentement & par l'avis commun de toute l'Eglise, & beaucoup de ceux qui sont tels en ce Royaume, le sont par abus & par la seule entreprise des Officiers Royaux.

Ils se sont attribuez d'autant plus hardiment la Connoissance de tous les dé-

por-

portemens des Clercs, que selon l'ordre des Canons qui requiert trois Sentences conformes pour la condamnation de leurs fautes, il est trés-difficile même de punir les plus notables, & impossible de le faire en peu de tems.

Bien que ce prétexte soit plausible, & qu'il oblige à la Reformation des formalitez observées en l'administration de la Justice de l'Eglise ; néanmoins les anciens Jurisconsultes n'ont pû voir telle entreprise sans la blâmer ouvertement. Et il ne sert de rien de dire que ces Crimes qui rendent les Ecclésiastiques indignes de leur Caractére, les privent en même tems de leurs Immunitez, puisque par semblable raisonnement on inferoit forces conclusions aussi fausses que préjudiciables à ceux même qui tirent de telles conséquences.

La seule conséquence qu'on peut tirer des longueurs & du déréglement qui se remarque en l'administration de la Justice de l'Eglise; est qu'il y faut apporter l'ordre requis, & qu'ainsi que les Ecclésiastiques y sont obligez, aussi les Rois le sont-ils de les maintenir aux Immunitez que Dieu a voulu attacher à son Eglise.

Pour satisfaire à ces deux obligations l'Eglise doit remédier par les voyes que nous proposerons cy aprés aux insuportables longueurs de 3. Sentences requises par les anciens Canons ; & ensuite se rendre si exacte à la punition des crimes qui seront commis par ceux qui sont soûmis à sa Puissance, qu'on ne s'aperçoive pas plûtôt d'un Scandale, qu'on n'en voïe au même tems la Punition Exemplaire.

Et le Roi faisant une Déclaration qui exprime tous les Cas privilégiez, qui peuvent être reduits à ceux qui peuvent être commis par tels, & en tous Etats, & en tout Ordre, & en outre au port d'Armes, à l'infraction de la Sauve-garde du Roi, à la Reconnoissance des Cedules, à l'Apostasie manifeste, ainsi qu'elle est expliquée cidessus, aux Vols sur les grands Chemins, à la Fausse-monnoye, & à tout autre crime de Léze-Majesté, doit si absolument deffendre à ses Officiers de connoître de tous autres Cas, jusques à ce que les Accusez leurs soyent envoyez par les Juges de l'Eglise ; que s'ils contreviennent à cet Ordre, on sache presque aussitôt leur punition que leur délit.

Or parceque la Justice veut qu'on prenne une exacte connoissance d'une faute auparavant que de penser à son châtiment,

ment, & que les Rois ne sçauroient pas eux-mêmes rendre la Justice à tous leurs Sujets. Sa Majesté satisfera à son Obligation, si Elle commande à son Conseil Privé de recevoir les plaintes des Contraventions que ses Officiers de quelque qualité qu'ils puissent être, feront à un tel Réglement; Et de punir sévérement leurs entreprises. Auquel cas l'Eglise étant contente d'un tel Ordre, se rendra d'autant plus soigneuse de rendre la Justice, qu'elle la recevra de son Prince.

SECTION IV.

De la Régale prétenduë par la Sainte Chapelle, sur les Evéchez de France.

ENCORE que les Chanoines de la Sainte Chapelle * de Paris soûtiennent que la Régale leur a été donnée par Saint Loüis leur Fondateur; Il est néanmoins vray que la premiére Cession qui s'en trouve est de Charles

E 2

(* Par Lettres Patentes de 1453. Charles VII. fit cette Grace à la Sainte Chapelle, au lieu du Don que Charles V. leur avoit fait du reste de tous les Comptes rendus à la Chambre; qu'il vouloit être employé à la Réparation, tant du Palais, que de la Ste. Chapelle)

les VII. qui leur donne pour trois ans seulement le Droit de joüir du revenu Temporel des Evêchez vacans, ausquels la Régale se trouveroit avoir lieu. Le terme de cette grace étant expiré, il la leur continua pour trois autres années, & pour quatre suivantes; le tout à condition que la moitié des Deniers qui en proviendroient, seroit employée à l'entretien des Chantres qui devoient faire le Service; & l'autre, aux Réparations, aux Vîtres, aux Ornemens, & à la Nourriture des Enfans de Chœur, ainsi qu'il seroit ordonné par la Chambre des Comptes de Paris.

Charles VII. étant Mort, son Fils Louïs XI. continua cette même grace à la Sainte Chapelle, pour tout le cours de sa vie, ce qui sembla alors si extraordinaire, que la Chambre des Comptes ne voulut vérifier les Lettres que pour neuf ans.

Ensuite du Régne de Louïs XI. ses Successeurs Charles VIII. François I. & Henri II. continuërent cette même grace, chacun pendant sa vie.

Charles IX. passa outre, * & accorda à perpétuité à la Sainte Chapelle, ce que ses Prédécesseurs ne lui avoient accordé que pour un tems. L'in-

[* Par l'Edit de Février 1565.]

L'intention qu'eurent ces Princes est digne de loüange, puisqu'ils donnérent à bonne fin un Droit qui leur appartenoit. Mais la façon avec laquelle ceux de la Sainte Chapelle en ont usé ; ne sçauroit être assez blâmée, en ce qu'au lieu de se contenter de ce qui leur avoit été donné ; ils ont voulu sous ce prétexte, assujettir tous les Evêchez de France à la Régale.

Le Parlement de Paris qui prétend seul avoir la Connoissance des Régales, s'est aveuglé jusqu'à ce point en son propre intérêt, qu'il n'a pas craint d'assujettir à cette servitude * tous les Evêchez même, qui de nôtre Tems ont été unis à la Couronne, & d'ordonner en termes exprés aux Avocats ; de ne plus douter que l'étenduë de la Régale ne fût aussi grande, que celle du Royaume.

Cette Entreprise trop ouverte pour avoir effet, donna lieu aux Eglises qui se trouvent exemptes de ce Droit, de ne vouloir plus connoître ce Tribunal pour Juge, & aux Rois d'évoquer toutes les Instances de cette nature à leur Conseil.

L'étenduë de ce Droit sur tous les Evêchez du oïaume est une prétention

[* L'Evêque du B llay.]

si mal fondée, que pour en connoître l'injustice, il ne faut que lire un Titre,* dont l'original est à la Chambre des Comptes; & que le Président le Maître a fait imprimer, qui fait une énumération des Evêchez qui sont sujets à la Régale, & de ceux qui en sont exempts.

Autrefois l'opinion commune êtoit, qu'au delà du Fleuve de Loire, il n'y avoit point de Régale; * Les Rois Loüis le

(* Le Titre commence par ces mots, *Dominus Rex*)

(* L'Ordonnance, *Dum Episcopus alicujus Episcopatus, ubi Rex habet Regaliam.*

Philippe IV. en ses Philippines de l'année 1302. use de ces mots, *In aliquibus Ecclesiis Regni.*

Philippe VI. en son Ordonnance de l'an 1334. parle de la sorte, *aux Evêchez ausquels nous avons Regales.*

Loüis XII. en son Ordonnance de 1499. citée par le Premier Président le Maître, *Nous avons deffendu, & deffendons à tous nos Officiers qu'aux Archevêchez, Evêchez, & Abbayes, & autres Benefices ausquels nous n'avons Droit de Regale, ou de Garde, ils ne le mettent, sur peine d'être punis comme Sacrileges.*

Pasquier au Liv. III. des Recherches Ch. XIII.

Le Feu Roi Henri IV. par son Edit de l'an 1606. Article 17. *N'entendons joüir des Droits de Regale* le Gros & Louïs le Jeune en exemptérent l'Archevêché de Bourdeaux & ses Suffragans. Raymond Comte de Thoulouze

E 4 ac-

Regale, sinon en la même façon que nos Predecesseurs & Nous l'avons fait, sans l'étendre au prejudice des Eglises, qui en sont exemtes; & ce bon Prince croyant que le Parlement de Paris jugeroit au contraire, sursit pour un an toutes les Instances de Régale, par ses Lettres du 6. Octobre 1609.

Le Roi à present Régnant, dévénu Héritier de sa Piété, aussi-bien que de son Royaume, déclare par l'Ordonnance de 1629. Art. XVI. *Qu'il ne veut joüir de la Regale qu'ainsi qu'il a esté fait par le passé*: & Messieurs du Clergé s'étant plains, que ces Termes n'êtoient pas assez précis, S. M. fit donner cette Réponse, écrite par ses Commissaires. *Que l'Ordonnance estant referée à celle de* 1606. *ces Termes suffisoient pour témoigner qu'Elle ne vouloit joüir de la Regale, aux Lieux où Elle n'en a pas joüi par le passé.*

L'Ordonnance, *Dominus Rex*, use de ces mots, *Consuevit capere Regaliam.*

Philippe IV. en son Ordonnance de 1302. dit, *Regalias, quas Nos & Prædecessores nostri consuevimus percipere.*

Et la Philippine de l'an 1334. *Nos Predecesseurs Rois, pour cause de Regale, & de la Noblesse de la Couronne de France, ont usé & accoûtumé d'être en Possession & Saisine*; & depuis tous les Rois en leurs Ordonnances n'ont parlé que de la Coûtume & de leurs Possessions.)

accorda même grace aux Evêques de Languedoc & de Provence, ce qui leur fut depuis confirmé par Philippe le Bel; & Saint Louïs céda la Régale de toute la Bretagne aux Ducs du Païs, par le Traité qu'il fit avec Pierre Mauclerc; ce qui montre bien qu'il ne la donna pas à la Sainte Chapelle, lorſqu'il la fonda.

Pluſieurs autres Evêchez, comme Lion, Autun, Auxerre, & divers autres, ſont ſi certainement exempts de cette ſujettion, qu'on ne le revoque pas en doute.

Les Ordonnances faites en divers tems font clairement connoître, que jamais les Rois n'ont prétendu, que la Régale eût lieu ſur tous les Evêchez; & cette Vérité eſt ſi évidente, que Paſquier, Avocat du Roi en la Chambre des Comptes, eſt contraint de confeſſer, que celui qui ſoûtient cette Doctrine, eſt plûtôt, *un Flateur de Cour, qu'un Juriſconſulte François.* Ce ſont ſes termes.

L'Ignorance, ou pour mieux dire, la Lâcheté & l'Intérêt de quelques Evêques, n'a pas peu contribué à la Vexation, que ſouffrent préſentement les Prélats de ce Royaume, en ce que pour ſe délivrer de la Perſécution qu'ils qu'ils reçoivent en leur particulier, il-n'ont pas craint de recevoir de la Sainste Chapelle, Quittance de ce qu'en effet ils ne lui payoient pas.

La créance qu'ils ont euë qu'en disputant leur Droit devant des Juges qui étoient leurs Parties, ils seroient condamnez, leur a fait estimer qu'ils pouvoient innocemment commettre une telle faute, dont la suite seroit d'une trés dangéreuse conséquence, si la Bonté de V. M. ne reparoit le mal de leur foiblesse.

Le Droit Commun voulant que la disposition des fruits d'un Bénéfice vaquant, soit reservée au futur Successeur; On ne peut en user autrement, sans un Tître autentique, qui en donne le pouvoir.

Cependant il ne s'en trouve point qui établissent si clairement la prétention qu'ont les Rois d'en disposer ainsi que bon leur semble; & pour la justifier il faut avoir recours à la Coûtume.

Cette Vérité est si certaine, que toutes les Ordonnances faites sur ce Sujet, ne font mention que de leur ancienne Possession.

Or parce qu'il est aisé aux Puissances Souveraines de s'attribuer sous divers prétextes ce qui ne leur appartient pas;

& que par ce moyen une usurpation injuste en son origine, peut être quelque tems aprés censée légitime en vertu de leur Possession. Il semble que l'on pourroit douter avec raison, que la Coûtume peut avoir la force d'un Titre autentique au fait des Souverains.

Mais n'ayant pas resolu de disputer les Droits de V. M. mais seulement de vous porter à les Régler; en sorte qu'ils ne portent point de conséquence au Salut des Ames, sans vouloir approfondir davantage l'Origine & le Fondement des Régales que je supose valables; Je ne prétens autre chose qu'éclaircir ce que la Sainte Chapelle peut prétendre en vertu des Concessions qu'elle a reçûës de vos Prédécesseurs, & proposer les Remédes qu'il faut apporter à l'abus qui se commet en la jouïssance d'une telle grace.

Il arrive souvent qu'un Evêque riche en toutes les qualitez que lui donnent les Canons, & que la Piété des Gens de bien lui peut désirer; mais pauvre par sa Naissance, demeure deux ou trois ans dans l'impuissance de faire sa Charge, tant par le payement des Bulles auquel les Concordats l'ont obligé, qui emporte souvent une année entiére de son revenu, qu'à cause que ce nouveau

veau Droit lui en soustrait un autre. De sorte que si l'on joint à ces deux dépenses celle qu'il faut qu'il fasse pour acheter des Ornemens, dont il a besoin, & se meubler selon sa Dignité ; Il se trouvera souvent que trois ans se passent avant qu'il puisse rien tirer pour sa nourriture, ce qui fait que beaucoup ne vont pas à leurs Evêchez, s'excusans sur la nécessité ; ou quittant le ménage qu'ils sont obligez d'y faire, se privent de la reputation qu'ils doivent avoir pour paître leur troupeau aussi bien par plusieurs actions de Charité, que par leurs paroles.

Il arrive aussi quelque-fois que pour éviter ces inconvéniens, ils s'engagent de telle sorte, que quelques-uns se laissent aller à pratiquer de mauvais moyens pour acquiter leurs dettes ; & ceux qui ne tombent pas dans cette extrémité, vivent en perpétuelle misére, & frustrent enfin leurs Créanciers de ce qu'ils leurs doivent par l'impuissance de les pouvoir payer.

Le Reméde de ce Mal est aussi aisé qu'il est nécessaire, puisqu'il ne consiste qu'à annexer à la Sainte Chapelle une Abbaye d'un pareil revenu que celui qu'ils peuvent retirer de cet établissement.

On dira peut-être, qu'il ne ſera pas aiſé d'éclaircir ce Point nettement, à cauſe de la difficulté que fera cette Compagnie de mettre au jour ce qu'elle veut tenir caché. Mais ſi vous ordonnez qu'en deux mois elle juſtifiera par les Actes de ſes Regiſtres, ce dont elle joüiſſoit auparavant la Conceſſion perpétuelle que lui fit Charles IX. & ce ſur peine d'être décheuë de ſon Droit. Ce Procédé fort juridique fera voir juſtement le pied qu'il faut prendre pour récompenſer le Bienfait qu'elle a reçû de vos Prédéceſſeurs.

Je ſçai bien que ce Chapitre prétendra qu'on doit conſidérer le revenu qu'il reçoit de la Régale, ſelon qu'il en joüit préſentement, mais étant certain qu'ils ne furent pas plûtôt aſſeurez de la perpétuité de cette grace, qu'ils l'étendirent ſur divers Evêchez, qui de ſoi ſont exempts; il eſt clair que le tems que je propoſe eſt celui ſur lequel on peut juſtement prendre ſes meſures.

Si V. M. en uſe ainſi, Elle procurera à peu de frais un bien indicible à ſon Egliſe, par le moyen duquel les Ames pourront plus aiſément recevoir la Nourriture qui leur eſt ſi néceſſaire, & qu'elles doivent attendre de leurs Paſteurs.

Si

Si ensuite elle continuë en la résolution qu'elle a prise, & qu'elle a toûjours continuée depuis long-tems de ne mettre aucune Pension sur les Evêchez, ce qui est absolument nécessaire ; Elle n'obmettra aucune chose, qui soit en sa puissance ; pour empêcher que la nécessité des Evêques les mette hors d'état de faire leur devoir.

SECTION. V.

De la Réformation des trois Sentences Conformes, requises par les Canons, pour la punition des Clercs.

IL n'y a personne qui ne sçache que les Ordres qui sont de la pure Police en l'Eglise, peuvent & doivent souvent être changez, selon le changement des tems. En la pureté des premiers Siécles du Christianisme, tel établissement de ce genre a été bon, qui maintenant seroit trés-préjudiciable.

Le Tems qui est le Pére de toute corruption, ayant rendu les mœurs des Ecclésiastiques diferentes de ce qu'elles étoient en la ferveur de leur premier; Zéle; il est certain qu'au lieu que pendant le cours de plusieurs innocennocentes années de l'Église dans lequel le Zéle des Prélats les rendoit aussi sévéres en la Punition des Crimes, qu'ils y sont à présent lâches & négligens. Il est certain, dis je, qu'au lieu qu'en ce tems là, les longueurs des Formalitez de la Juridiction Ecclésiastique, n'étoient point à craindre, elles sont maintenant trés-préjudiciables, & la raison ne permet pas de les continuer.

Cette Considération fait qu'il est trés-nécessaire d'abolir l'ancien Ordre prescrit par les Canons, qui requérent trois Sentences conformes pour la Conviction des Clercs.

Le mauvais usage qui s'est fait depuis long-tems d'un tel Ordre, Auteur de toute impunité, & par conséquent des Desordres en l'Église, l'oblige à se faire justice en ce point pour ôter tout prétexte aux Juges Temporels de suivre l'opinion de certains Theologiens qui n'ont point craint de dire, qu'il vaut mieux que l'Ordre soit apporté par un Juge incompétent, que de voir régner le Désordre.

Il est impossible d'ôter le Droit de Juridiction des Archevêchez, des Primats du Saint Siége, mais d'autant qu'il arrive souvent qu'il se donne six ou

sept

7. Sentences, auparavant qu'il s'entourve trois conformes; on peut remédier à cet Inconvenient, en ordonnant que la Sentence des Juges déléguez du Pape, sur l'Appel du Primat, ou de l'Archevèque, sera Définitive & Souveraine; & afin que ce dernier Jugement puisse être obtênu promptement, & que le Zéle de l'Eglise paroisse en la bonne Administration de sa Justice, il est à propos qu'il plaise au Roi se joindre à son Clergé, pour obtenir du Saint Siége, qu'au lieu de récourir à Rome en tous les Cas particuliers qu'il faut juger, il veüille déléguer en toutes les Provinces du Royaume, des Personnes de Capacité & de Probité réquise, qui sans nouveaux Rescrits puissent juger souverainement tous les Appels qui se feront en son Tribunal.

Cette Proposition ne peut être odieuse à Rome, puis que le Concordat oblige les Papes de déléguer, *in Partibus*, pour la Décision des Causes qui s'y présentent; seulement il y aura cette difference, qu'au lieu que maintenant il faut en châque Cause se pourvoir à Rome, pour la Délégation desdits Juges, ils se trouveront lors tous nommez pour la Décision de toutes les

Cau-

Causes du Royaume ; ce qui facilitant la Punition des Crimes des Ecclésiastiques, doit ôter tout prétexte aux Parlemens, d'entreprendre, comme ils font, sur la Justice de l'Eglise, & aux Ecclésiastiques tout sujet de se plaindre d'eux.

Aussi ceux qui sont Ennemis déclarez de l'Eglise, ou Envieux de ses Immunitez, auront à l'avenir la bouche fermée contre-elle : & les meilleurs de ses Enfans, qui n'ont pas voulu parler en ce sujet jusqu'àpresent, pour soûtenir sa Cause, parleront hardiment & la Tête-levée, deffendans son Autorité, contre ceux qui la voudroient opprimer sans Raison.

Je sçai bien que le Saint Siégé apprehendera que ses Déleguez établis, comme je le propose, puissent prendre avec le tems une Dictature perpétuelle ; mais les changeant de tems en tems, comme je l'estime à propos & nécessaire ; cet Inconvénient ne sera point à craindre, & si l'on continuë à obtenir de Rome les Réliefs d'Appels en châque Cause, comme on le peut souffrir, les Droits du Saint Siége demeureront en leur entier, sans aucune diminution.

On dira, peut-être, qu'il ne faudroit pas

pas plus de tems, pour obtenir de Rome nouvelle Délégation de Juges, à chaque Crime qui se commettra, que pour avoir un Rélief d'Appel, pour renvoyer à ceux qui seront déja Déléguez; mais il y a bien de la différence, étant certain qu'un des principaux Abus, qui empêchent la Punition des Crimes des Clercs, consiste en ce que l'Appellant obtient d'ordinaire à Rome son Renvoi devant tel Juge que bon lui semble en France, par Collusion avec des Banquiers, qui pour de l'Argent servent leurs Parties comme ils veulent.

SECTION VI.

Qui traite des Exemtions.

EXemtion est une Dispense, ou Rélaxation, de l'obligation que l'on a d'obéir à son Supérieur : Il y en a de différentes espéces; les unes sont de Droit, les autres de Fait.

Les Exemtions de Droit, sont celles dont on joüit par la Concession d'un Supérieur Légitime, qui les donne avec connoissance de Cause.

L'Exemtion de Fait, est celle dont on est en possession sans Titre,

* mais

* mais seulement par l'Usage d'un Tems immémorial.

Au lieu que le premier Genre des Exemtions est approuvé des Casuistes, comme fait d'une Légitime Autorité.

Le dernier, qui de soy n'est pas Legitime, n'est pas toûjours condamné par eux; parce que ceux qui joüissent de Tems immémorial d'un Privilége, ont eû autres-fois des Bulles, qui le leurs accordoient, bien qu'ils ne les puissent montrer.

Il y a trois diverses Exemtions des lieux; La premiére est celle des Monastéres des Mendians, que l'Eveque ne visite pas, bien qu'il y soit reçû solemnellement quand il y va, qu'il y puisse tenir ses Ordres, & faire toutes les Fonctions Episcopales, quand bon lui semble.

La seconde est de beaucoup d'autres lieux, ausquels ils ne sont point reçûs, & ne peuvent faire aucune Fonction Episcopale, s'ils ne donnent une Déclaration, que c'est sans préjudice des Droits & Priviléges desdits lieux: L'Abbaye de Marmoutier, celle de Vandôme, & plusieurs autres sont en ces termes.

La

(* *Quod enim, quæ sine Privilegio potest acquiri, Consuetudine immemoriali*, disent les Canons.)

La troisiéme est de certains Territoires, en l'étenduë desquels l'Evêque n'exerce aucune Juridiction, non pas même sur les Laïques, sur lesquels ceux qui joüissent d'une telle Exemtion, ont seuls la juridiction & la Puissance appellée communément, *Lex Diocæsana* : Les Abbayes de Saint Germain des Prez, de Corbie, de Saint Florent le Vieil, de Fescamp & plusieurs autres, sont en ces termes dans toute l'étenduë de leur Territoire, les seuls Réligieux exercent toute la Juridiction Episcopale.

Ils donnent Dispense de Bans, ils décernent les Monitoires, ils publient les Jubîlez, assignent les Stations en suite des Provisions de Rome; les *Visa* s'expédient en leurs Noms; ils prétendent même avoir Droit de choisir tels Evêques que bon leur semblera, pour donner les Ordres, sans permission de leur Evêque Diocesain.

Enfin ils donnent les Démissoires, pour recevoir les Ordres de tel Evéque que bon leur semble.

Telle est l'Exemtion du Chapître de Chartres, en vertu de laquelle l'Evéque ne peut faire son Entrée dans l'Eglise, qu'il ne donne Acte par lequel il promet de conserver tous les Priviléges

dé

de l'Eglise, ni faire aucune Visite, ni du Saint Sacrement, ni des Saintes Huiles.

Ces Personnes sont tellement exemtes de la Juridiction des Evêques, que lors qu'un Chanoine vient à délinquer, le Chapître lui donné des Juges pour lui faire son Procez, & s'il y a Appel du Jugement, on se pourvoit à Rome pour avoir des Juges *in Partibus*, parce-que cette Eglise AD SANCTAM ROMANAM ECCLESIAM, ADMISSO NULLO MEDIO, PERTINET.

Ils publient des Indulgences; ils ont cent tant de Paroisses; ils exercent toute la Juridiction Diocésaine, & l'Appel de toutes leurs Sentences va à Rome; ils ordonnent de toutes les Processions Générales.

De cette même nature est Saint Martin de Tours.

Quatre sortes de Personnes se trouvent principalement exemtes dans l'Eglise; les Archevêques des Primats; les Evêques des Archevêques; les Moines, & les Réligieux des Evêques; & les Chanoines des Evêques, & Archevêques.

Telles Exemtions se trouvent différentes en plusieurs circonstances; les unes seulement exemtent les Personnes,

&

& les autres exemtent aussi les Lieux de leurs demeures, & cela différemment.

Anciennement les Archevêques étoient sujets aux Primats, * ausquels le Pape envoyoit le PALLIUM pour exercer Puissance & Autôrité sur les Métropolitains. Depuis ce tems ceux de France, à la reserve de ceux de Tours, de Sens, & de Paris, ont obtenu ou par Bulle, ou par Prescription, permission de ne relever pas des Primats.

Quelques Evêques * se sont aussi fait exemter par le Pape de la sujétion de leurs Archevêques.

Les Moines sont presque tous exemts de la Juridiction ordinaire, & leur Droit est fondé en la propre Concession des Evêques, ou en celles des Papes; leurs

[* Depuis 60. ans seulement, l'Archevêque de Roüen a secoüé le joug du Primat de Lyon & s'est fait Primat de Normandie.]

[* L'Evêque du Puy est exemt de l'Archevêché de Bourges, & plusieurs en Italie le sont aussi; ils doivent pourtant se trouver aux Conciles Provinciaux que l'Archevêque tient.

S. Grégoire de Tours exemta un Hôpital, une Eglise, & un Monastére de la Iuridiction de l'Evêque d'Autun, à la Priére de la Reine Brunehaut & de son petit Fils le Roi Thierry.

Crotbert Archevêque de Tours exemta de sa Iuridiction, le Monastére de S. Martin.]

leurs Exemtions les plus anciennes; comme ſont celles qui leur ont été accordées il y a ſept à huit cens ans, viennent des Evêques & Archevéques; mais toutes celles qu'ils ont obtenuës depuis ce tems, leurs ont été accordées par les Papes, à l'une de ces fins, ou pour empêcher que l'abord & la Cour des Evêques ne troublât leur ſolitude, ou pour les garantir de la rigueur de quelques-uns, dont ils étoient, ou préſuppoſoient étre traitez rudement.

Les derniers qui ſe ſont exemtez de leurs Supérieurs ſont les Chanoines. En leur premiére Inſtitution, ils étoient ſi étroitement liez & unis à leurs Evêques, qu'ils ne pouvoient rien faire ſans leur permiſſion; & ſe ſouſtraire de leur obeïſſance, ç'eût été le plus grand crime qu'ils euſſent pû commettre en ce tems-là.

Pluſieurs ont eſtimé que toutes leurs Exemtions viennent des Antipapes, ou qu'elles ſont manifeſtement ſubreptices, ou ſimplement fondées ſur la poſſeſſion d'un tems immémorial; mais c'eſt choſe trés-certaine, qu'il y en a quelques-unes plus anciennes que les Schiſmes, & plus autoriſées que celles qui tirent leur force & leur vertu des Antipapes.

Les

Les plus légitimes en ont accordé quelques unes; * ou ensuite des Concessions des Evêques, ou des Transactions faites avec eux; ou de leur propre mouvement, sous prétexte de garantir les Chanoines des mauvais Traitemens qu'ils reçoivent d'eux.

Pour pénétrer cette matiére jusqu'au fond, & distinguer clairement les bonnes Exemtions des mauvaises, il faut considérer différemment les Bulles qui les autorisent.

Autres sont celles qui ont été accordées par les Papes auparavant le malheur des Schismes.

Et autres celles qui ont été données depuis l'extinction des Schismes.

Celles du premier genre doivent être tenuës bonnes & valables; mais telles Bulles étant une Exemtion du Droit commun qui est toûjours odieuse, il faut les examiner soigneusement afin de ne se tromper pas en leur teneur; Etant certain que beaucoup peuvent être mises en avant, comme Bulles d'Exemtion, qui sont simples Bulles de Protection qui s'obtenoient anciennement, & Bulles qui accordent quelques

(* Une Lettre d'Alexandre III. donnée au Chapitre de Paris, justifie que les Papes ont accordé des Exemtions.

ques Privileges particuliers, mais nôn pas une Exemtion de la Juridiction ordinaire, ou Bulles qui donnent seulement pouvoir aux Chapitres d'exercer une Juridiction Subalterne à celle des Evêques, semblable à celle des Archidiacres, qui en certaines Eglises ont droit d'excommunier, d'interdire, & ordonner des Pénitences publiques, bien qu'ils soient toûjours soûmis à la Juridiction des Evêques.

Quant aux Bulles du second genre étant nulles de plein droit, par le défaut de la Puissance légitime en ceux qui les ont ottroyées, particuliérement par la Constitution du Pape Martin V. * laquelle casse toutes les Bulles obtenües durant les Schismes; on ne peut sans malice, ou sans ignorance vouloir s'en prévaloir au préjudice du Droit commun.

Celles du troisiéme genre ont été accordées, ou pour servir de nouvelle Exemtion, ou pour en confirmer des précédentes.

Les premiéres doivent être reputées nulles, ou parce qu'elles sont directement

[* Les Exemtions de Sens, Paris, Bourges, Bourdeaux, Limoges, Meaux, Auxerre, & le Mans, ont été obtenues des Antipapes.]

ment contraire au Décret dont a parlé Martin V. ou parce qu'elles ont été ſubreptivement obtenuës, ainſi que les Parlemens de Paris & de Thoulouze l'ont jugé contre les Chapîtres d'Angers, & de Cahors.

Les ſecondes n'ayant été accordées, que pour confirmer un Droit ancien, qui ne ſe trouve jamais valablement établi, doivent, au jugement de toutes perſonnes dépoüillées de paſſion, être ſans effet.

Il reſte à voir ſi les Exemtions * fondées ſur les ſimples Conceſſions faites par les Evêques, ou aux Tranſactions & Sentences Arbitrales intervenües ſur ce ſujet contr'eux & leurs Chapîtres ſont bonnes & valables.

S'il n'eſt jamais permis aux Evêques d'aliéner leur Temporel ſans un avantage & un profit manifeſte, moins peuvent-ils renoncer à leur Autôrité Spirituelle, au grand préjudice de l'Egliſe, qui voit par ce moyen diviſer ſes Membres de leur Chef, & changer la Régle qui la fait ſubſiſter, en confuſion qui la perd & la ruïne.

[* Les Exemtions d'Auxerre, Noyon, Orleans, Beauvais, Châlons, Angers, Poitiers, & Lyon ſont fondées aux Conceſſions des Evêques & Tranſactions paſſées avec eux.

La nullité des Transactions, des Compromis, ou des Sentences Arbitrales est par ce Principe, toute évidente; Celui ne peut compromettre ni transiger de ce dont la disposition ne lui est pas libre; & s'il se trouve des Auteurs qui estiment qu'on peut transiger des choses Spirituelles, tous en exemtent quelques-unes, entre lesquelles la Sujettion de cette nature a le premier lieu; Et en effet ces sortes de Titres sont si invalides au Fait dont il s'agit, que quand mêmes ils seroient confirmez par les Papes, ils n'auroient pas assez de force pour priver de leur Droit les Successeurs des Evêques, qui se seroient dépouillez de leur Supériorité en l'une des trois façons specifiées ci-dessus.

Comme la Raison fait connoître qu'aucune de ces voyes ne peut valoir contre le Droit Commun; elle fait voir aussi que les Bulles simplement confirmatives des susdites Concessions, Transactions, ou Sentences Arbitrales, ne donnent aucun Droit à ceux qui s'en veulent servir, parce qu'elles ne peuvent avoir plus de force que les fondemens qu'elles supposent.

Un seul Point demeure sujet à examen, savoir si la Coûtume & l'ancienne possession

Possession en laquelle se trouvent les Chapîtres contre l'Autôrité de leurs Evêques, est un Titre assez valable, pour faire souffrir à l'Eglise le mal que lui apportent les Exemtions.

* La Coûtume est une Régle bien trompeuse; les mauvaises quoi que trés-anciennes sont universellement condamnées, & toutes celles qui sont contre le Droit commun, & qui renversent un Ordre établi par des Constitutions Ecclésiastiques, doivent étre tenuës pour telles, & ne peuvent étre un juste fondement de Prescription, beaucoup moins encore en ce qui est du Droit Canon, qu'au Civil, vû que les établissemens de l'Eglise tirent leur origine d'un Principe plus asseuré; & par tout on doit décider la Difficulté proposée en disant, que la Coûtume doit servir de Titre en ce qui peut être possédé par le Droit Commun, mais jamais en ce dont la possession le viole, auquel cas elle est tout-à-fait inutile, si elle n'est accompagnée d'un Titre si autentique, qu'il soit exemt de

[*Cyprianus. *Frustra quidem qui ratione vincuntur consuetudinem nobis opponunt, quasi consuetudo major sit veritate, aut non fuerit in Spiritualibus sequendum; si melius fuerit à Spiritu Sancto revelatum.*]

de tout ſoupçon ; d'où il reſulte que le Droit Commun aſſujettiſſant tous les Chanoines à leurs Evêques ; il n'y a point de Coûtume aſſez puiſſante pour les exemter de cette Sujétion.

Il eſt impoſſible de s'imaginer lesdivers Maux dont les Exemtions ſont l'origine & la cauſe. Elles renverſent l'Ordre que l'Egliſe a établi conformément à celui de la Raiſon, qui veut que les Inférieurs ſoient ſoûmis à leurs Supérieurs. Elles ruïnent la concorde qui doit être entre le Chef & ſes Membres, elles autôriſent toutes ſortes de violences, & rendent pluſieurs crimes impunis, tant en la perſonne des Privilégiez qu'en celle de beaucoup de Libertins, qui cherchent le couvert à leur ombre.

On peut pouvoir à ce Mal par deux moyens, ou en aboliſſant abſolument toutes ces Exemtions, ou en ſe contentant de les régler.

Je ſçai bien que le premier Expédient comme plus abſolu eſt plus difficile, mais puiſqu'il n'eſt pas impoſſible, je ne laiſſe pas de le propoſer à V. M. qui a toûjours pris plaiſir à faire ce que ſes Prédéceſſeurs n'ont ozé tenter.

Je n'eſtime pas cependant à propos d'en

d'en user en ce qui est des Exemtions, dont jouissent les Religieux, & leurs Monastéres. Etant épars en divers Diocéses : l'Uniformité de l'Esprit qui les doit régir, requiert qu'au lieu d'être gouvernez par divers Evêques, dont les Esprits sont différens, ils le soient par un seul Chef Régulier, & sur ce fondement je soûtiens hardiment, qu'il est aussi nécessaire de les laisser dans la Possession des légitimes Exemtions dont ils joüissent, comme il est juste d'en connoître la validité, par l'examen de leurs Bulles, qu'ils étendent quelquesfois plus que la raison ne permet.

Mais je dis bien plus, qu'on peut abolir les autres Exemtions avec tant de profit pour l'Eglise, que ce Motif universel est suffisant pour faire mépriser les Intérêts particuliers en cette occasion.

Il suffit qu'une chose soit juste pour se porter à l'entreprendre, & l'on y est absolument obligé lors qu'elle est tout-à-fait nécessaire.

L'Eglise ayant subsisté jusqu'à présent sans le changement que je propose, je ne suppose pas qu'il ait cette derniére qualité, mais je dis qu'il seroit extrémement utile en ce qu'il ôteroit tout sujet d'excuse aux Evéques s'ils manquoient à faire leurs Charges.

Pour se servir de ce premier Moyen, il ne faudroit autre chose qu'une Révocation faite par Sa Sainteté, des Exemtions & Priviléges dont il est question, & un Pouvoir aux Evêques d'exercer leur Juridiction sur leurs Chapîtres, & tous autres Exemts, à l'exception de ceux que j'ay dit ci-dessus.

Une Bulle de cette teneur, accompagnée d'une Déclaration de V. M. vérifiée en ses Parlemens & en son Grand Conseil, romproit les chaînes qui lient les mains aux Prélats de son Royaume, & les rendroit responsables des Désordres de leurs Diocéses, dont il leur est quasi impossible de répondre maintenant.

L'Obtention de cette Bulle, seroit à mon avis, d'autant plus aisée, qu'elle est conforme aux Ouvertures du Concile de Trente, qui déclare nommément, * que les Chapîtres & les Cha-

[* Sess. 14 Ch. de Ref. I. *Capitula Cathedralium & aliarum majorum Ecclesiarum illorum Personæ Exemtionibus, Consuetudinibus, Sententiis, Juramentis, Concordatis, fieri si possint, quominus à suis Episcopis, & aliis majoribus Prælatis per se ipsos solos, vel illis quibus sine videtur adjunctis, juxta Canonicas sanctiones, toties quoties opus fuerit visitari, corrigi & emendari, etiam authoritate Apostolicâ possint & valeant.*

Chanoines ne peuvent en vertu de quelque Exemtion, Coûtume, Possession, Sentence, Serment, & Concordat que ce puisse être, s'empécher d'être visitez, corrigez & châtiez par leurs Evêques, ou autres Personnes députées de leur part; & quand même cet Expédient ne seroit pas goûté à Rome, où les Nouveautez, bien qu'utiles, sont assez souvent odieuses; & où la moindre opposition empêche d'ordinaire de grands biens; V. M. faisant observer en ce sujet le Décret du Concile, n'aura besoin d'aucune nouvelle Expédition.

Je sçai bien que ce rémède sera improuvé des Parlemens, dans l'Esprit desquels l'Usage & la Pratique prévalent souvent à quelques raisons qui puissent êtres apportées; mais aprés avoir prévû ce bien, & considéré tous les obstacles qui s'y peuvent rencontrer; je dis hardiment qu'il seroit beaucoup meilleur de passer par dessus, que de s'arrèter pour quelque opposition qu'on puisse faire & V. M. peut se porter au changement, avec d'autant plus de raison qu'en rémettant les choses au Droit Commun. Elle les rétabliroit en leur Nature, & qu'il est quelques-fois bien-séant aux Souvertins d'être hardis en certaines occaſions, qui ne ſont pas ſeulement juſtes, mais dont l'importance ne peut être révoquée en doute. *

Les Chanoines tiennent leurs Tîtres ſi cachez, qu'il eſt impoſſible d'en avoir connoiſſance, ſi ce n'eſt par Autorité du Roi; ils en ſuppoſent même ſouvent lors qu'ils n'en ont point; ce dont Pierre de Blois & Pierre le Vénérable ſe plaignent ouvertement.

Bien que l'Utilité de ces deux Expédiens, qui ne ſont qu'un en effet, les doive faire approuver; néanmoins la crainte que j'ay que la difficulté qui ſe trouveroit en leur Exécution, les rendît inutiles, me fait paſſer au ſecond, qui conſiſte à faire nommer des Commiſſaires, Evêques, Chanoines, & Réligieux, qui joints à des Députez du Conſeil & des Parlemens, ſe faſſent répréſenter toutes les Exemtions, & les Priviléges des Egliſes; afin qu'étans raportées à V. M. celles qui ſe trouveront bonnes & valables, puiſſent être réglées, & celles qui n'auront point de légitime Fondement ſoient rétranchées & abolies: Il y a d'autant plus d'ouverture à la pratique

(* Iſidore. *Sæpe per Regnum Terrenum, Cæleſte Regnum proficit, ut qui infrà Eccleſiam poſiti contra Fidem & Diſciplinam Eccleſiæ agunt, vigore Principum conterantur.*)

que de cet Expédient, que les Ordonnances d'Orléans, * faites sous François II. ont un Article exprez, pour le Réglement des Exemtions.

Si en suite il plaisoit au Pape de donner Pouvoir en chaque Métropole, aux Juges déléguez que nous avons proposez ci-dessus, de régler par l'autorité du Saint Siége, ce que les Evêques ne pourront faire par eux-mêmes, à cause des Exemtions, qui demeureront en leur force & vigueur, & que V. M. commande à son Conseil de prendre connoissance des Différens, qui surviendront sur un tel sujet; Elle remédiera absolument sur tous les Maux, dont tels Priviléges sont cause.

F 5 Sec-

(* Ordonnance d'Orléans, Article XI. *Tous Chanoines & Chapitres, tant Seculiers que Réguliers, & des Eglises Cathedrales ou Collegiales, seront indifferemment sujets à l'Archevêque, ou Evéque Diocésain, sans qu'ils puissent s'aider d'aucun Privilége d'Exemtion, pour le regard de la Visitation & Punition des Crimes, nonobstant Opposition ou Appellation quelconque, sans préjudice d'icelles, desquelles nous avons évoqué la connoissance, & icelle retenuë à Nôtre Conseil Privé.*)

SECTION VII.

Du Droit que divers Ecclésiastiques, & autres Personnes Layques, ont de presenter aux Cures.

RESte à parler du Mal qui vient de ce que les Evêques ne disposent pas de la plus grande partie des Cures de leurs Diocéses, ausquelles les Patrons Ecclésiastiques, ou Laïques, ont Droit de presenter.

Les Ecclésiastiques commencerent à joüir du Droit de Patronage * au Concile d'Orange, où il fût ordonné que les Evêques, qui feroient bâtir des Eglises dans un autre Diocése, auroient Droit d'y mettre des Prêtres à leur volonté, pourvû qu'ils fussent jugez capables par l'Evêque Diocésain.

* Le même Droit fût aussi donné par Justinien aux Laïques qui voudroient fonder des Chapelles, ce qu'ils obtinrent en suite à l'égard des Monastéres mêmes, dont ils se rendroient Fondateurs.

* Le neuviéme Concile de Tolède, éten-

[* L'An 441.
* Nouvel. 123. Ch. XVIII. An. 541.
* L'Epitre de Saint Grégoire à Secundinus, l'an 598. justifie ce Point.]

étendit encore le Droit de Patronage Laïque, aux Eglises Paroissiales, permettant aux Fondateurs de nommer les Curés, de peur que la négligence, avec laquelle les Evêques satisferoient à leurs Fondations, ne détournât d'en faire de nouvelles.

Le Droit se perdoit au commencement lors que les Fondateurs perdoient la vie; Justinien, Grégoire & Pellagius l'étendirent à leurs Enfans: enfin sous Charlemagne il passa aux Héritiers quels qu'ils pussent être, ce qui a continué jusqu'à present.

Ce Droit qui est loüé par plusieurs Peres de l'Eglise, ayant été confirmé par divers Conciles, & spécialement par celui de Trente, doit être consideré comme Saint & Inviolable, pour son Ancienneté, pour son Autorité fondée sur les Canons des Peres & des Conciles, & pour l'Utilité qui en révient à l'Eglise, en faveur de laquelle on fait beaucoup de Fondations, pour s'acquerir par ce moyen le Pouvoir de nommer ceux qui en doivent joüir.

Mais quand je me remets devant les yeux que la Nécessité n'a point de Loy, & que l'Usage d'un Privilége, qui a été bon dans la ferveur des Fondateurs, est maintenant si préjudiciable par la cor-

corruption de ceux qui sont Héritiers de leurs biens, & ne le sont ni de leur Zéle, ni de leur Vertu, ni quelquefois même de leur Religion, qu'il est impossible de le continuer sans exposer beaucoup d'Ames à leur perte : j'ose dire hardiment, qu'on ne peut s'exemter de remédier à un désordre de telle conséquence, sans en être responsable devant Dieu.

Beaucoup penseront que le meilleur Reméde de ce Mal, est d'en abolir èntiérement la Cause, mais lors que je considére, que ce qui est légué à tître onéreux, c'est à dire par le transport de son propre Bien, ne peut être possedé avec Justice, qu'en accomplissant les conditions ausquelles il a été donné, & que les Peres du Concile de Trente, qui en connoissoient les abus n'ont osé penser à le changer, je me trouve arrêté, & je ne crois pas qu'un Particulier puisse sans témérité proposer un tel reméde, il vaut mieux avoir récours à un moyen plus doux, aucunement proposé par le Concile de Trente *, bien qu'il ne l'ait pas proposé autrement.

Ce moyen est, * que le Synode élise des Examinateurs, par lesquels tous les Aspi-

(* Sess. 2. Ch. 18. de Ress.

(* Idem Sess. 24. du même Chap.

Aspirans aux Bénéfices chargez d'Ames, soient soigneusement examinez, afin que leur Capacité & leur Probité étant connuës, ils puissent en suite en proposer deux ou trois des plus Capables aux Patrons des Cures qui vaqueront, à ce qu'ils choisissent & présentent à l'Evêque, celui qui leur sera le plus agréable.

Je sçai que cet Expédient ôte un peu de la Liberté qu'ont aujourd'hui les Patrons en France, mais puis qu'en la leur restraignant, il la leur laisse toutesfois, & qu'il ôte le moyen de mettre des Personnes Incapables dans les Cures, il doit être reçû, & ce d'autant plus volontiers, à mon avis, qu'en remédiant au mal qui arrive, des Présentations aux Cures, si l'Ordre du Concile est observé, il remédiera à ceux qui sont causez par la facilité avec laquelle les Archevêques pourvoient souvent les Prêtres, que leurs Suffragans ont réfusez, en ce que comme le Concile veut, que les Examinateurs qu'il propose, pour être Juges de la Capacité de ceux qui doivent être nommez aux Cures, soient obligez de rendre compte de leurs Actions aux Conciles Provinciaux; aussi ne veut-il pas que les Archevêques passent par dessus leur Jugement, sans un sujet

sujet si légitime, qu'il ne puisse être révoqué en doute.

SECTION VIII.

De la Réformation des Monastéres.

APrés de si justes Réglemens, que ceux qui sont rapportez cy-dessus, il est de la Piété de V. M. d'autoriser, autant qu'Elle pourra, la Réforme des Religions.

Je sçai bien que beaucoup de Considérations donnent lieu de craindre que celles qui se sont faites de nôtre Temps ne soient pas si Austéres en leur Progrez, qu'en leur Commencement; mais il ne faut pas laisser d'y tenir la main, & de les favoriser; veu que le Bien ne change pas de nature pour être de peu de durée, mais qu'il est toûjours Bien, & que celui qui fait ce qu'il peut avec Prudence, pour une bonne fin, fait ce qu'il doit, & satisfait à ce que DIEU demande de ses Soins.

Il est bien vrai que j'ai toûjours pensé, ainsi que je l'estime encore à present, qu'il vaudroit mieux établir des Réformes modérées, dans l'Observation desquelles les Corps & les Esprits pussent subsister aucunement à leur aise, que d'en d'en entreprendre de si Austéres, que les plus forts Esprits, & les Corps les plus robustes ayent de la peine à en supporter la rigueur : Les choses tempérées sont d'ordinaire stables & permanentes, mais il faut une grace extraordinaire, pour faire subsister, ce qui semble forcer la Nature.

Il est encore à remarquer que les Reformes des Religions de ce Royaume, doivent être différentes de celles des autres Etats, lesquels étant exempts d'Hérésie, requiérent plûtôt une profonde Humilité, & une Simplicité exemplaire aux Religieux, que la Doctrine tout à fait nécessaire en ce Royaume, auquel l'ignorance des plus vertueux Religieux du Monde, peut être aussi préjudiciable à quelques Ames, qui ont besoin de leur érudition, comme leur Zéle & leur Vertu sont utiles à d'autres, & à eux-mêmes.

Je dois dire en passant sur ce sujet, qu'en ce qui concerne particuliérement la Réformation des Monastéres des Filles, c'est un expédient, qui n'est pas toûjours infaillible, de remettre les Elections, & particuliérement les Triennales, au lieu de la Nomination du Roy.

Les Brigues & les Factions, qui prennent

nent pied dans la foiblesse de ce Sexe, sont si grandes quelquefois, qu'elles ne sont pas supportables ; & j'ai vû par deux fois V. M. être contrainte de l'ôter des Lieux où elle l'avoit mise, pour remettre les choses en leur premier état.

Comme il est de la Piété de V. M. de travailler au Réglement des Anciennes Religions; il est de sa Prudence d'arrêter le trop grand Nombre de Nouveaux Monastéres, qui s'établissent tous les jours.

Il faut en ce faisant mépriser l'Opinion de certains Esprits, aussi Foibles que Dévots, & plus Zélez que Prudens, qui estiment souvent que le Salut des Ames & celui de l'Etat, dépendent de ce qui est préjudiciable à tous les deux.

Ainsi qu'il faudroit être, ou Méchant, ou Aveugle, pour ne voir & n'avoüer pas, que les Réligions sont non seulement Utiles, mais même nécessaires ; aussi faut-il être prévénu d'un Zéle trop indiscret, pour ne connoître pas que l'Excez en est incommode, & qu'il pourroit venir à un tel Point, qu'il seroit ruïneux.

Ce qui se fait pour l'Etat, se faisant pour Dieu, qui en est la Baze, & le

Fon-

Fondement ; réformer les Maisons déja établies, & arrêter l'excez des nouveaux Etablissemens, sont deux Oeuvres agréables à Dieu, qui veut la Régle en toutes choses.

SECTION IX.

De l'Obéïssance qu'on doit rendre au Pape.

L'Ordre que Dieu veut être observé en toutes choses, me donne lieu de représenter ici à V. M. qu'ainsi que les Princes sont obligez à reconnoître l'Autorité de l'Eglise, à se soûmettre à ses saints Décrets, & y rendre une entiére Obéïssance, en ce qui concerne la Puissance Spirituelle que Dieu lui a mise en Main pour le Salut des Hommes, & qu'ainsi qu'il est de leur Dévoir de maintenir l'Honneur des Papes, comme Successeurs de Saint Pierre, & Vicaires de Jesus-Christ; aussi ne doivent-ils pas céder à leurs Entreprises, s'ils viennent à étendre leur Puissance au delà de ses Limites.

Si les Rois sont obligez de respecter la Thiare des Souverains Pontifes, ils le sont aussi de conserver la Puissance de leur Couronne.

Cette

Cette Vérité est reconnuë de tous les Théologiens, mais il n'y a pas peu de difficulté de bien distinguer l'étenduë & la Subordination de ces deux Puissances.

En telle matiére il ne faut croire ni les Gens du Palais, qui mesurent d'ordinaire celle du Roi, par la forme de sa Couronne, qui étant ronde, n'a point de fin; ni ceux qui par l'excez d'un Zéle indiscret, se rendent ouvertement Partisans de Rome.

La Raison veut qu'on entende, & les uns, & les autres, pour resoudre ensuite la Difficulté par des Personnes si Doctes, qu'elles ne puissent se tromper par ignorance; & si Sincéres, que ni les Interêts de l'Etat, ni ceux de Rome, ne les puissent emporter contre la Raison.

Je puis dire avec vérité avoir toûjours trouvé, & les Docteurs de la Faculté de Paris, & les plus Sçavans Religieux de tous les Ordres si Raisonnables en ce sujet, que je ne leur ay jamais vû aucune foiblesse, qui les eût empêché de vouloir défendre les Justes Droits de ce Royaume; aussi n'ay-je jamais remarqué en eux aucun excez d'affection pour leur Païs Natal, qui les pût porter à vouloir, contre les vrays Sen-

Sentimens de la Religion, diminuer ceux de l'Eglise pour augmenter les autres.

En telles occasions, l'Opinion de nos Peres doit être de grand Poids, les Historiens, & les plus Célébres Auteurs, dépoüillez de Passion, qui ont écrit en châque Siécle, doivent être consultez soigneusement en ces rencontres, ausquelles rien ne nous peut être si contraire, que la foiblesse ou l'Ignorance.

SECTION X.

Des Lettres.

L'IGNORANCE que je viens de représenter être quelques-fois préjudiciable à l'Etat, me donne lieu de parler des Lettres, l'un des plus grans Ornemens des Etats; & je le dois faire en cet endroit, puis que leur Empire est justement deû à l'Eglise; entant que toute sorte de Véritez, ont un naturel Raport à la Premiére, des Sacrez Mystéres de laquelle la Sapience Eternelle a voulu, que l'Ordre Ecclésiastique fût le Dépositaire.

Comme la Connoissance des Lettres, est tout-à-fait nécessaire en une République, il est certain qu'elles ne doivent pas êt re indifféremment enseignées à tout le Monde. Ainsi

Ainsi qu'un Corps qui auroit des Yeux en toutes ses Parties, seroit Monstrueux ; de même un Etat le seroit-il, si tous ses Sujets étoient Sçavans ; On y verroit aussi peu d'Obéïssance, que l'Orgueïl & la Présomption y seroient ordinaires.

Le Commerce des Lettres, banniroit absolument celui de la Marchandise, qui comble les Etats de Richesses ; ruïneroit l'Agriculture, vraye Mére-Nourice des Peuples ; & déserteroit en peu de tems la Pépiniére des Soldats, qui s'élévent plûtôt dans la Rudesse de l'Ignorance, que dans la Politesse des Sçiences : Enfin il rempliroit la France de Chicaneurs, plus propres à ruiner les Familles Particuliéres, & à troubler le Repos Public, qu'à procurer aucun Bien aux Etats.

Si les Lettres étoient profanées à toutes sortes d'Esprits, on verroit plus de Gens capables de former des doutes, que de les résoudre; & beaucoup seroient plus propres à s'opposer aux Véritez qu'à les deffendre.

C'est en cette considération que les Politiques veulent, en un Etat bien réglé, plus de Maîtres és Arts-Mécaniques, que de Maîtres és Arts-Libéraux pour enseigner les Lettres.

J'ay

J'ay souvent vû, pour la même raison, le Cardinal du Perron souhaitter ardemment la Suppression d'une partie des Colléges de ce Royaume; Il desiroit en faire établir quatre ou cinq Célebres dans Paris, & deux dans chaque Ville Métropolitaine des Provinces.

Il ajoûtoit à toutes les Considérations que j'ay rapportées, qu'il étoit impossible qu'on pût trouver en châque Siécle assez de gens Sçavans, pour fournir une grande multitude de Colléges; au lieu que si on se contentoit d'en avoir un nombre modéré, on les pourroit remplir de dignes Sujets, qui conserveroient le feu du Temple en sa Pureté, & qui transmettroient par succession non interrompuë, les Sciences en leur Perfection.

Il me semble en effet, lors que je considére le grand nombre de Gens, qui font profession d'enseigner les Lettres, & la multitude des Enfans qu'on fait instruire, que je vois un nombre infini de Malades, qui n'ayant autre but que de boire de l'Eau pure & claire, pour leur guérison, sont pressez d'une soif si déréglée, que recevant indifféremment toutes celles qui leur sont présentées, la plus grande partie en boit d'impure, & souvent en des Vaisseaux empoisonnez; ce ce qui augmente leur ſoif & leur mal, au lieu de ſoulager l'un & l'autre.

Enfin de ce grand nombre de Collé-ges, indifferemment établis en tous Lieux, il arrive deux Maux, l'un que je viens de repréſenter par la médiocre Capacité de ceux qu'on oblige à en-ſeigner, ne pouvant trouver aſſez de Sujets éminens pour remplir les Chai-res; l'autre pour le peu de Diſpoſition naturelle qu'ont aux Lettres beaucoup de ceux que leurs Parens font étudier; à cauſe de la commodité qu'ils en trou-vent, ſans que la Portée de leurs Eſ-prits ſoit examinée, d'où vient que preſ-que tous ceux qui étudient démeurent avec une mediocre teinture des Lettres; les uns pour n'être pas capables de plus, les autres pour être mal inſtruits.

Quoy que ce Mal ſoit de grande Conſéquence, le Réméde en eſt aiſé, puis qu'il ne faut autre choſe que rédui-re tous les Colléges des Villes, qui ne ſont pas Métropolitaines, à deux ou trois Claſſes ſuffiſantes pour tirer la Jeu-neſſe d'une ignorance groſſiére, nuiſible à ceux mêmes qui deſtinent leur Vie aux Armes, ou qui la veulent employer au Trafic.

Par ce moyen, auparavant que des En-

Enfans soient determinez à aucune Condition, deux ou trois ans feront connoître la Portée de leurs Esprits: En suite de quoy les Bons, qui seront envoyez aux Grandes Villes, réüssiront d'autant mieux, qu'ils auront le Génie plus propre aux Lettres, & qu'ils seront instruits de meilleure Main.

Ayant ainsi pourvû à ce Mal, beaucoup plus grand qu'il ne semble, il faut encore se garentir d'un autre, auquel la France tomberoit indubitablement, si tous les Colléges qui sont établis, étoient en une même Main.

Les Universitez prétendent, qu'on leur fait un tort extrême, de ne leur laisser pas privativement à tous autres la faculté d'enseigner la Jeunesse.

Les Jésuites d'autre part ne seroient peut-être pas fâchez, d'étre seuls employez à cette Fonction.

La Raison, qui doit décider de toutes sortes de Différens, ne permet pas de frustrer un Ancien Possesseur de ce qu'il posséde avec Titre: Et l'Intérêt Public ne peut souffrir qu'une Compagnie, non seulement récommandable pour sa Piété, mais Célébre par sa Doctrine, comme est celle des Jésuïtes, soit privée d'une Fonction, dont elle peut s'acquit-

ter

ter avec grande utilité pour le Public.

Si les Universitez enseignoient seules, il seroit à craindre qu'elles revinssent, avec le tems, à l'ancien Orgüeil qu'elles ont eû autrefois, qui pourroit être à l'avenir aussi préjudiciable, qu'il a été par le passé.

Si d'autre part les Jésuïtes n'avoient point de Compagnons en l'Instruction de la Jeunesse, outre qu'on pourroit appréhender le même Inconvenient, on auroit de plus juste sujet d'en craindre plusieurs autres.

Une Compagnie qui se gouverne, plus qu'aucune n'a jamais fait, par les Loix de la Prudence, & qui se donnant à Dieu sans se priver de la connoissance des choses du Monde, vit dans une si parfaite Correspondance, qu'il semble qu'un même Esprit anime tout son Corps: Une Compagnie qui est soûmise, par un Vœu d'Obéïssance Aveugle, à un Chef Perpetuel, ne peut suivant les Loix d'une bonne Politique, être beaucoup autorisée dans un Etat, auquel une Communauté Puissante doit être redoutable.

S'il est vray, comme c'est une chose certaine, qu'on se plaît naturellement à avancer ceux, dont on a reçû les premiéres Instructions, & que les Parens ont

ont toûjours une particuliére affection pour ceux qui ont rendu ces Offices à leurs Enfans; il est vrai aussi qu'on ne sauroit commettre l'entiére éducation des jeunes gens aux Jesuites, sans s'exposer à leur donner une Puissance d'autant plus suspecte aux Etats, que toutes les Charges & les Grades qui en donnent le Maniement, seroient enfin remplies de leurs Disciples, & que ceux qui de bonne heure ont pris un ascendant sur des Esprits, le retiennent quelquesfois toute leur vie.

Si l'on ajoûte que l'Administration du Sacrement de Pénitence, donne à cette Compagnie une seconde Autorité sur toutes sortes de personnes, qui n'est pas de moindre poids que la premiére; si l'on considére que par ces deux voyes, ils pénétrent les plus secrets mouvemens des cœurs & des familles, il sera impossible de ne conclurre pas qu'ils ne doivent pas être seuls au Ministére, dont il est question.

Ces raisons ont été si puissantes en tous Etats, que nous n'en voyons aucun qui ait voulu jusqu'à présent laisser l'Empire des Lettres, & l'entiére Instruction de leur Jeunesse à cette Compagnie seule.

Si cette Société, Bonne & Simple en

elle-même, donna tant de jalousie à l'Archiduc Albert, Prince des plus pieux de la Maison d'Autriche, qui n'agissoit que par les mouvemens du Conseil d'Espagne, qu'il ne craignit point de l'exclure de certaines Universitez, où elle êtoit déja établie dans la Flandre, & de s'opposer aux nouveaux Etablissemens qu'elle vouloit faire dans le Païs de Flandre.

Si elle a donné lieu à certaines Républiques de l'éloigner tout à fait de leur Domination, quoi qu'avec trop de rigueur, c'est le moins qu'on puisse faire en ce Royanme, que de lui donner quelque retenuë, veu qu'elle est non seulement soûmise à un Chef Perpétuel & étranger, mais qui plus est sujet & toûjours dépendant des Princes, qui semblent n'avoir rien en plus grande recommandation, que l'abaissement & la ruine de cette Couronne.

Ainsi qu'en matiére de Foi tous les Etats Catholiques du Monde, n'ont qu'une Doctrine, en ce qui ne la concerne pas il y en a beaucoup de différentes, dont souvent leurs Maximes Fondamentales tirent leur origine ; Ce qui fait qu'ayant besoin de Théologiens, qui puissent en certaines occasions deffendre courageusement les Opinions,

nions, qui de tout Tems y ont été reçüës, & qui s'y sont conservées par une transmission non interrompuë; Il leur en faut qui soient détachez de toute Puissance suspecte, & qui n'ayent point de Dépendance, qui les prive de Liberté aux choses, ausquelles la Foi l'a laissée à tout le Monde.

L'Histoire nous apprend que l'Ordre de S. Benoît avoit été autrefois si absolument Maître des Ecoles, qu'on n'enseignoit en aucun autre lieu, & qu'il déchut si absolument des Sciences & de la Piété tout ensemble au X. Siécle de l'Eglise, qui fut appellé Malheureux en cette considération. Elle nous enseigne encore que les Dominicains ont eû ensuite le même avantage que ces bons Péres avoient possédé les premiers, & que le tems les en a privez comme les autres, au grand préjudice de l'Eglise qui se trouva alors infectée de beaucoup d'Hérésies: elle nous apprend par même moyen; qu'il est des Lettres comme des Oiseaux de Passage, qui ne demeurent pas toûjours au même Païs. Et partant la Prudence Politique veut qu'on tache de prévenir cet Inconvénient, qui étant arrivé deux fois, doit par raison être appréhendé une troisiéme, & qui apparemment n'arrivera pas, si cette Compagnie a des Compagnons en la possession des Lettres.

Tout Parti est dangereux en matiére de Doctrine, & il n'y a rien de si aisé que d'en former un sous prétexte de Pieté, lors qu'une Compagnie pense y être obligée par l'interêt de sa Subsistance.

L'Histoire du Pape Benoît Onziéme contre lequel les Cordeliers piquez sur le sujet de la perfection de la Pauvreté, sçavoir du Revenu de Saint François, s'animérent jusqu'à tel point, que non seulement ils lui firent ouvertement la Guerre par leurs Livres, mais de plus, par les armes de l'Empereur ; à l'ombre desquelles un Antipape s'éleva au grand préjudice de l'Eglise, est un Exemple trop puissant pour qu'il soit besoin d'en dire davantage.

Plus une Compagnie est adhérante à son Chef, plus elle est à craindre, particuliérement à ceux ausquels il n'est pas favorable.

Puis donc que la Prudence n'oblige pas seulement à empêcher qu'on nuise à l'Etat, mais aussi qu'on lui puisse nuire ; parce que souvent en avoir le Pouvoir, en fait naître la Volonté.

Puisque aussi la foiblesse de nôtre condition humaine requiert un contrepoids en toutes choses, & que c'est le Fondement

dement de la Justice. Il est plus raisonnable que les Universitez & les Jesuites enseignent à l'envi, afin que l'émulation aiguise leur Vertu, & que les Sciences soient d'autant plus asseurées dans l'Etat, qu'étant déposées entre les mains de leurs Gardiens, si les uns viennent à perdre un si Sacré Dépôt, il se trouve chez les autres.

SECTION XI.

Moyens de régler les Abus qui se commettent par les Graduez en l'obtention des Bénéfices.

PARCE qu'ainsi qu'il est à craindre que toutes sortes d'Esprits se portent aux Lettres, il est à désirer que les bons y soient attirez. V. M. ne sçauroit faire une chose plus utile pour cette Fin, que d'empêcher les Abus qui se commettent en la distribution des Bénéfices, qui doit être faite à ceux ausquels ils sont deûs pour la récompense de leurs Travaux.

Il faudroit être ennemi des Lettres & de la Vertu pour revoquer ce Droit en doute. Le Concile de Basle * & le Concordat qui fut passé ensuite au Concile de Latran, entre Leon Dixiéme & François Premier, l'établissent trop clairement pour avoir cette pensée ; mais il faudroit être fort contraire à la Justice & à la Raison, pour n'en vouloir pas corriger les abus si grands par les Permutations frauduleuses, par les Résignations supposées, par l'artifice des Collateurs, & par l'autôrité des Indultaires, plus puissans que les Graduez, & par l'industrie de ceux qui ne doivent leur Grade qu'à leur bourse. Que tant s'en faut que ce Privilége soit maintenant le prix de la Vertu, qu'il l'est seulement de l'artifice & de la friponnerie de ceux qui étant ignorans aux Lettres, sont Doctes & Sçavans en la Chicane.

Le

(* *Sess.* 31. Le Concile de Basle ordonna que la troisiéme Partie des Bénéfices seroient conférez aux Maîtres és Arts, Bacheliers Licentiez & Docteurs de Médecine, Droit & Théologie, lesquels auroient étudié un certain tems dans une Université Privilégiée.

Par le Concordat qui se fit depuis au Concile de Latran entre Leon X. & François I. il fut arrêté que les Graduez joüiroient des Bénéfices vaquans la troisiéme partie de l'année, à sçavoir aux mois de Ianvier, Avril, Iuillet, & Octobre.)

Le vrai Reméde de ce Mal consiste à faire que conformement aux Saints Canons, les Docteurs, & Licentiez en Théologie soient préférez à tous ceux qui auront même Grade en d'autres Facultez.

Qu'entre les Théologiens égaux en Grade, ceux qui auront long-tems Prêché la Parole de Dieu ou la Théologie, soient pourveûs devant les autres.

Que les Docteurs & les Licentiez en Droit ayent le même avantage sur les simples Maîtres és Arts, & qu'entre ces derniers on préfére ceux qui auront Régenté long-tems.

Qu'aucun ne puisse recevoir ses Lettres de Maîtrise és Arts, ni ses Dégrez en Droit Civil & Canon, qu'aux Universitez où il aura Etudié.

Qu'on ne donne les Lettres de Maîtrise qu'à ceux qui auront actuellement fait leur Cours entier en Philosophie; ni aucun Dégré en Droit Civil & Canon, qu'à ceux qui auront étudié trois ans entiers aux Ecoles de Droit, & qui auront fait publiquement leurs Actes avec les intervâles de tems requis.

Si on observe soigneusement cet ordre, on verra asseurément le Mérite des Lettres avoir prix; & l'ignorance ne pourra plus se couvrir de leur manteau, pour à son abri recevoir ce qui n'est pas deû à elle.

Si ensuite V. M. délivre ceux qui se seront rendus Célébres aux Lettres, de la persécution des Indultaires; Elle fera que beaucoup redoubleront leurs Travaux pour en recevoir le Fruit qu'ils méritent.

SECTION XII.

Du Droit d'Indult.

LE Droit d'Indult tirant son origine & sa force d'une Bulle du Pape Eugéne, * qui ne se trouve point, qui le voudroit examiner à la rigueur, trouveroit que le Fondement n'en est pas solide; puisque la Raison veut qu'on mette les choses qu'on ne peut vérifier, & celles qui ne sont pas en pareille Catégorie.

Je sçai bien que Paul Troisiéme voulant obliger les Présidens & Conseillers du Palement de Paris, * qui s'opposoient à la Vérification des Concordats, leur donna Pouvoir de nommer aux Bénéfices tant Réguliers, que Séculiers. Je sçai encore bien que le Chancelier de France, comme Chef de

(* Bulle du Pape Eugéne accordée au Roi Charles VIII.

* La Bulle fut envoyée au Roi François I. en 1538.)

de cette Compagnie, reçût pareil Privilége par la même Bulle. Mais si l'on considére que cette Bulle affecte de tirer sa Vertu de celle de son Prédécesseur qui ne se trouve pas; cette considération n'aura point de force, puisque les Jurisconsultes enseignent clairement, qu'un Raport ne peut faire foi, si la chose raportée n'est claire & évidente. *

Moins le Fondement de ce Privilége est certain, plus les Abus qui s'y commettent sont insuportables.

Bien que ce Droit soit Personnel; c'est à dire, qu'il n'ait été accordé qu'à la Personne des Officiers spécifiez par la Bulle du Pape Paul III. il passe maintenant à la Veuve & aux Héritiers comme un Héritage Temporel; & encore que cette grace ne leur ait été faite, qu'à ce qu'ils pussent gratifier légitimement ou leurs Enfans, ou quelques uns de leurs Parens ou de leurs Amis, capables des Bénéfices ausquels ils seroient nommez, ils contraignent souvent, contre les Loix Divines & Humaines, ceux qui obtiennent des Bénéfices en vertu de leurs Indults, de les Résigner à qui bon leur semble; abusant jusqu'à tel point de ce Privilége, que souvent ceux qui ne veulent pas être Confidens, ne peuvent éviter ce Cri-

[* *Non creditur referenti, nisi constet de relato.*

me que par un autre, qui les rend coûpables de Simonie devant Dieu.

La foiblesse du Fondement de cette grace, & la quantité * d'Abus qui s'y commettent pourroient donner légitime lieu à V. M. de l'abolir, ce qui lui seroit d'autant plus aisé qu'il ne faudroit autre chose à cette Fin, que refuser à l'avenir aux Indultaires leurs Lettres de Nomination, sans lesquelles ils ne peuvent prétendre aucuns Bénéfices; Mais l'expérience nous faisant connoître qu'un Mal accoûtumé est souvent plus suportable, qu'un Bien dont la nouveauté est fâcheuse, V. M. doit se contenter de faire un si bon Réglement, que ceux qui doivent joüir de cette grace n'en puissent abuser à l'avenir comme ils ont fait par le passé.

Si Elle empêche qu'un même Officier puisse avoir sa Nomination sur plusieurs Bénéfices; Si Elle fait que ceux qu'il présentera pour être nommez, ne le puissent être qu'aprés un bon Examen fait par les Ordonnances, sans faveur.

Si Elle Ordonne que les Lettres de leur Nomination porteront en termes exprés. Que les Bénéfices ausquels ils sont

[* Augustinus, *ipsa mutatio consuetudinis etiam quæ adjuvant utilitate novitas perturbat.*

ſont nommez, ſeront réellement pour eux, qu'ils ne pourront être contraints de les Réſigner à qui que ce puiſſe être, & que s'il eſt découvert qu'ils prêtent leurs Noms comme Confidentaires; Outre qu'ils ſeront pour un tel crime à jamais incapables de Bénéfices, ils pourront être châtiez.

Si enſuite Elle Défend que ce Droit, qui n'eſt que Perſonnel, ſoit tranſmis aux Héritiers; l'Obſervation d'un tel Réglement fera que vos Officiers n'étant point privez de la grace, que vos Prédéceſſeurs leur ont fait obtenir; les Gens de Lettres recevront un grand Avantage ſous Vôtre Régne, & ſeront délivrez d'une grande Véxation qu'ils reçoivent d'eux.

On pourroit encore ne permettre pas aux Officiers qui auront nommé un Homme à un Indult, d'en Subſtituer un autre en ſa place, s'il vient à mourir avant d'être rempli.

CHAPITRE III.

DE LA NOBLESSE.

SECTION. I.

Divers Moyens d'Avantager la Noblesse, & la faire Subsister avec Dignité.

APRES avoir représenté ce que j'estime absolument nécessaire pour le Rétablissement du Premier Ordre de Vôtre Royaume. Je passe au Second, & dis qu'il faut considérer la Noblesse comme un des principaux Nerfs de l'Etat, capable de contribuer beaucoup à sa Conservation, & à son Etablissement; Elle a été depuis quelque tems si rabaissée par le grand nombre des Officiers que le malheur du Siécle a élevez à son préjudice, qu'elle a grand besoin d'être soûtenuë contre les Entreprises de telles Gens. L'opulence & l'orgueil des uns accablent la nécessité des autres, qui ne sont riches qu'en Courage, qui les porte à employer librement leur Vie pour l'Etat, dont les Officiers tirent la substance.

Comme il les faut soûtenir contre ceux qui

qui les oppriment, il faut avoir un soin particulier d'empêcher qu'ils ne traitent ceux qui sont au dessous d'eux, comme ils sont traitez des autres.

C'est un défaut assez ordinaire à ceux qui sont nez dans cet Ordre, d'user de violence contre le Peuple, à qui Dieu semble plutôt avoir donné des Bras pour gagner sa vie, que pour la deffendre.

Il est trés-important d'arrêter le cours de tels Desordres par une sévérité continüe, qui fasse que les foibles de vos Sujets, bien que desarmez, ayent à l'Ombre de vos Loix autant de seureté, que ceux qui ont les Armes à la main.

La Noblesse ayant témoigné en la Guerre, heureusement terminée par la Paix, qu'elle étoit Héritiére de la Vertu de ses Ancêtres, qui donna lieu à César de la préférer à toute autre; Il est besoin de la Discipliner en sorte qu'elle puisse acquérir de nouveau & conserver sa premiére Réputation, & que l'Etat soit utilement servi.

Ceux qui étant préjudiciables au Public ne lui sont pas utiles; Il est certain que la Noblesse qui ne lui sert point à la Guerre, n'est pas seulement inutile, mais à charge à l'Etat, qui peut en ce cas être comparé au corps qui suporte le Bras Paralitique, comme un Faix qui le charge, au lieu de le soulager. Com-

Comme les Gentilshommes méritent d'être bien traitez lors qu'ils font bien, il faut leur être sévére, s'il manquent à ce à quoi leur Naissance les oblige; Et je ne fais aucune difficulté de dire, que ceux qui dégénérant de la Vertu de leurs Ayeuls, manquent de servir la Couronne de leurs Epées & de leurs Vies avec la constance & la fermeté que les Loix de l'Etat requiérent, mériteront d'être privez des Avantages de leur Naissance, & reduits à porter une partie du Faix du Peuple.

L'Honneur leur devant être plus cher que la Vie, il vaudroit beaucoup mieux les châtier par la privation de l'un que de l'autre.

Oter la vie à des Personnes qui l'exposent tous les jours pour une pure imagination d'Honneur, est beaucoup moins que leur ôter l'honneur, & leur laisser la vie qui leur est en cet état un Supplice perpetuel.

S'il ne faut rien oublier pour maintenir la Noblesse en la vraye Vertu de ses Péres, on ne doit aussi rien obmettre pour la conserver en la possession des Biens qu'ils lui ont laissez, & procurer qu'elle en puisse acquérir de nouveaux.

Ainsi qu'il est impossible de trouver

un Remede à tous Maux ; aussi est-il trés difficile de mettre en avant un Expédient général aux Fins que je propose.

Les divers Mariages qui se font en ce Royaume en chaque Famille, au lieu qu'aux autres Etats, il n'y a souvent que l'Aîné qui se Marie ; sont une des vrayes Causes que les Maisons les plus puissantes se ruinent en peu de tems. Mais si cette Coûtume appauvrit les Familles particuliéres, elle enrichit tellement l'Etat, dont la force consiste en la multitude de Gens de main, qu'au lieu de s'en plaindre, il s'en faut loüer, & au lieu de la changer, tâcher seulement de donner moyen à ceux qu'elle met au Monde, de subsister dans la pureté du Cœur qu'ils tirent de leur Naissance.

Il faut à ce moyen distinguer la Noblesse qui est à la Cour, d'avec celle qui est à la Campagne.

Celle qui est à la Cour sera notablement soulagée, si on retranche le Luxe & les insuportables Dépenses qui s'y sont introduites peu à peu, étant certain qu'un tel Réglement leur sera aussi utile que toutes les Pensions qu'on leur donne.

Quant à celle de la Campagne, bien qu'elqu'elle ne reçoive pas tant de soulagement d'un tel ordre, parce que sa Misére ne lui permet pas de faire des Dépenses superfluës, elle ne laissera pas de ressentir l'effet de ce Remède si nécessaire à tout l'Etat, qu'il ne peut sans lui éviter sa Ruïne.

Si V. M. ajoûte au Réglement qu'il lui plaira d'aporter à ce Desordre, l'Etablissement de cinquante Compagnies de Gendarmes, & de pareil nombre de Chevaux-Légers, payez dans les Provinces, aux Conditions qui seront ci-aprés spécifiées, Elle ne donnera pas peu de Moyen de subsister à la Noblesse, qui s'y trouvera la moins aisée.

Si en suite Elle supprime la Vénalité des Gouvernemens du Royaume, & de toutes les Charges Militaires que cet Ordre paye assez par le prix de son Sang.

Si Elle pratique le même ordre en ce qui concerne les Charges de sa Maison; si Elle fait, qu'au lieu que maintenant toutes sortes de Gens y sont reçûs par le sale Trafic de leur Bourse, l'Entrée en soit fermée à l'avenir à ceux qui n'auront pas le bonheur d'être d'une Naissance Noble; Si même elle n'est plus ouverte à ceux qui auront cet Avantage que par le choix que V. M. fera d'eux en considération de leur Mérite, toute la Noblesse recevra Utilité & Honneur

tout

tout ensemble d'un si bon Réglement.

Au lieu que maintenant les Gentils hommes ne peuvent s'élever aux Charges & Dignitez, qu'au prix de leur Ruïne, leur Fidélité sera d'autant plus assurée à l'avenir, que plus ils seront gratifiez, moins ils se croiront redevables des Honneurs qu'ils auront à leurs Bourses, & à celles de leurs Créanciers, qui ne les font jamais souvenir de ce qu'ils leur doivent, qu'ils n'ayent quelque déplaisir d'être élevez par cette Voye.

Si de plus, vôtre Bonté s'étend jusqu'à vouloir être soigneux de gratifier leurs Enfans (qui se trouveront avoir la Science & la Piété requise) d'une partie des Bénéfices qui sont en vôtre Collation. Cet Ordre vous sera d'autant plus obligé, que les déchargeant d'une partie du Faix qui les accable, vous leur donnerez le vrai Moyen de maintenir leurs Maisons, puisque le Soûtien & la Conservation des meilleures, dépend souvent de ceux qui épousant la Condition Ecclésiastique, considérent volontiers leurs Neveux comme leurs Enfans, & n'ont point de plus grand contentement que d'en faire élever quelques-uns aux Lettres & à la Vertu, pour pouvoir, s'ils s'en rendent capables, être pour-

pourvûs de quelques-uns de ceux qu'ils possédent.

On pourroit mettre en avant beaucoup d'autres choses pour le soulagement de la Noblesse; mais j'en suprime toutes les pensées, aprés avoir considéré qu'ainsi qu'il seroit forte aisé de les écrire, il seroit fort difficile, & peut-être, impossible de les pratiquer.

SECTION II.

Qui traite des Moyens d'arrêter les Duels.

IL s'est fait tant de divers Edits pour empêcher les Duels, sans que jusqu'à present on en ait pû tirer le fruit qu'on en devoit attendre, & qu'on en désiroit, qu'il est difficile de trouver un Moyen asseuré, pour arréter le cours de cette Rage.

Les François méprisent tellement leur vie, que l'Expérience nous a fait connoître, que les plus rigoureuses peines n'ont pas toûjours été les meilleures, pour arréter leur Frénésie.

Ils ont souvent estimé, qu'il y avoit d'autant plus de Gloire à violer les Edits, qu'ils faisoient voir par une telle Extravagance, que l'Honneur leur étoit en bien plus grande recommandation que leur

leur Vie, étans plus Capables d'appréhender de perdre les Commoditez, sans lesquelles ils ne peuvent vivre heureux en ce Monde, que de mourir hors de la Grace de Dieu, sans laquelle ils seront malheureux dans l'autre; La crainte de perdre leurs Charges, leurs Biens, & leurs Libertez, a fait plus d'effet sur leurs Esprits, que celle de perdre la Vie.

Je n'ai rien oublié de ce qui m'a été possible, pour trouver quelque Reméde propre à la Guérison de ce dangereux mal. J'ai souvent consulté pour sçavoir, si ainsi qu'il est permis aux Rois, de faire battre deux Particuliers, pour éviter une Bataille, & décider par ce moyen le differend qui leur a mis les Armes en main, ils ne pourroient pas aussi accorder quelques Combats, pour éviter la multitude des Duels qui se font tous les jours: Je disois qu'il y avoit grande apparence qu'on pourroit par ce Moyen garantir la France de cette Frenésie, qui lui cause tant de mal, vû qu'en faisant espérer la permission du Combat à ceux qui auroient juste sujet de le prétendre, châcun se soûmettroit volontiers aux Juges Députez pour connoître la Qualité de leur Offense, ce qui vrai-semblablement em-

empêcheroit le malheur des Duels, veu qu'il se trouveroit peu de Querelles, qui ne pussent être terminées par un bon Accord.

J'ajoûtois pour favoriser cette pensée, qu'autrefois on avoit permis plusieurs Duels en ce Royaume, ce qui s'étoit aussi pratiqué en divers Etats.

J'estimois qu'on pourroit par ce Moyen abolir l'usage de la Barbarie, qui veut que tout Homme offensé se fasse Justice soi-même, & trouve sa satisfaction dans le Sang de son Ennemi; mais aprés avoir lû & relû ce que les Auteurs plus Autentiques disent sur cette Matiére, & pensé plusieurs fois sur un Sujet si important, j'ai trouvé par l'Avis des moins Scrupuleux & plus Resolus Théologiens du Tems, que les Rois étant établis pour conserver leurs Sujets, & non pour les perdre, ils ne peuvent exposer leur Vie, sans quelque Utilité Publique, ou Nécessité Particuliére; qu'ils ne sçauroient permettre les Combats particuliers, sans exposer l'Innocent à recevoir la peine du Coupable, veu que Dieu ne s'étant pas obligé à rendre la Raison toûjours Victorieuse, le Sort des Armes est incertain; & que bien que telles Permissions ayent quelquefois été autorisées,

ſées, ou au moins en divers Etats, & même du conſentement de quelques Egliſes Particuliéres, elles ont toûjours été Abuſives; ce qui paroît bien évidemment, puis qu'enfin l'Egliſe Univerſelle les a défenduës, & condamnées ſous trés-grandes peines; j'ai reconnu qu'il y avoit trés-grande différence, entre faire battre deux Particuliers, pour éviter une Bataille & finir une Guerre, & les faire battre pour éviter les Duels.

Le premier eſt permis, parce que la Nature nous enſeigne, que la Partie doit s'expoſer pour ſon Tout, & que la Raiſon veut que le Particulier ſe hazarde pour le Général; parce qu'outre que cet Expédient a été pratiqué de tout Tems, on en trouve des Exemples dans les Saintes Lettres, & que ſon Effet eſt ſain & certain, en ce que quelque Evénement qu'ait un Duel permis en ce Cas, il ſauve la vie à un grand nombre de Perſonnes, qui peuvent ſervir le Public en d'autres occaſions.

Mais il n'en eſt pas de même du ſécond, qui eſt illicite par ſa Nature, en ce qu'au lieu de ſauver certainement le Général, par le hazard de quelques Particuliers, & ainſi garantir d'un plus grand mal par un moindre, il expoſe determi-

néments

nément les Particuliers à leur perte, sur la seule imagination d'une Utilité publique, qui n'a point de fondement certain; ce Moyen est d'autant moins recevable, qu'au lieu d'arrêter le Cours des Duels, il est capable d'en augmenter la Licence; en ce que l'aveuglement de la Noblesse est si grand, que beaucoup estiment, que demander le Combat par cette voye, seroit rechercher le moyen de ne se battre pas, feroient vanité de prendre un chemin plus court pour tirer raison de leurs injures, & donner des preuves de leur Courage.

Le Roi défunt voulut en 1609. avoir recours à ce moyen, avec toutes les Circonstances qui pouvoient le faire valoir: il privoit de Biens, de Charges, & de Vie ceux qui se battoient sans en avoir obtenu la Permission; mais ce fut inutilement: Et c'est ce qui a obligé V. M. aprés avoir fait la même épreuve au commencement de son Régne, de recourir par son Edit du Mois de Mars 1626. à un autre Remède, qui a eu d'autant plus d'effet, que les peines, pour en être plus modérées, en sont plus cuisantes à ceux qui font moins d'état de leur Vie, que de leurs Biens & de leur Liberté.

Or parce que les meilleures Loix du Monde

Monde ſont inutiles, ſi on ne les fait obſerver inviolablement, & que ſouvent ceux qui tombent en ce genre de Faute, uſent de tant d'Artifices pour en éviter les preuves, qu'il eſt preſque toûjours impoſſible de les convaincre.

Je ne crains point de dire à V. M. que ce n'eſt pas aſſez de punir les Appels & les Duels avérez, par la Rigueur de ſes Edits, mais lors qu'il y aura notoriété ſans Preuve, Vous devez prendre les Délinquans, & les mettre priſonniers à leurs Dépens, pour plus ou pour moins de Tems, ſelon les diverſes Circonſtances de leurs Fautes; autrement la négligence, dont uſent ordinairement vos Procureurs Généraux à informer; l'Indulgence de vos Parlémens, & la Corruption du Siécle, qui eſt telle, qu'un chacun eſtime autant à Honneur, d'aider ceux qui ſe ſont battus à déguiſer leurs Crimes, qu'un vrai Gentilhomme tiendroit à honte de recéler le Vol d'un Larron, rendront vos Edits & vos Soins inutiles.

C'eſt en tel Cas, où la ſeule voye de Fait peut faire obſerver vos Loix, & vos Ordonnances; c'eſt en ces occaſions où vôtre Autorité doit paſſer par deſſus les Formes, pour maintenir la

Régle

Régle & la Discipline, sans laquelle un Etat ne peut subsister & donner moyen à vos Officiers de châtier les Crimes par les Formes, y ayant grande apparence, qu'on trouvera plus facilement la Cause & la Preuve d'un Délit, dont les Coupables seront arrêtez, que si étant en pleine Liberté, ils peuvent faire toute sorte de Diligence, pour en étouffer la Connoissance.

Si en suite V. M. ordonne, que les Rencontres passeront pour Duels, & seront punies comme telles, jusqu'à ce que ceux qui les auront faites se soient rendus volontairement Prisonniers, & en soient Absous par Sentence, Elle fera tout ce qui peut probablement arrêter le Cours de cette Frénésie, & le Soin qu'Elle prendra de conserver la Vie de sa Noblesse, la rendra Maîtresse de leurs Cœurs, & l'obligera à une si étroite Fidélité, qu'elle payera avec usure, ce que V. M. en peut attendre, dans tous les Emplois, dont ils sont gratifiez.

CHAPITRE IV.

Du troisiéme Ordre du Royaume.

POUR traiter avec Méthode du Troisiéme Ordre du Royaume, & voir clairement ce qui est nécessaire pour le faire subsister en l'état qu'il doit être, je le diviserai en trois Parties.

La Premiére contiendra le Corps des Officiers de la Justice.

La Seconde, de ceux qui manient les Finances.

Et la Troisiéme, le Peuple, qui porte presque toûjours les Charges de l'Etat.

SECTION I.

Qui touche en gros les Désordres de la Justice, & examine particuliérement, si la Suppression de Vénalité & d'Hérédité des Offices, seroit un bon Reméde à tels Maux.

IL est beaucoup plus aisé de réconnoître les Défauts de la Justice, que d'en prescrire les Remédes; Il n'y a Personne qui ne voye, que ceux qui sont établis pour tenir la Balance juste en toutes choses, l'ont eux-mêmes tellement chargée d'un côté à leur avantage, qu'il n'y a plus de Contrepoids.

Les Déréglemens de la Justice sont venus à tel Point, qu'ils ne peuvent passer plus avant : J'entrerois dans le Détail de ces Désordres, & en celui des Remédes qu'on y peut apporter, si la Connoissance que j'ai, & de celui qui remplit présentement la premiére Charge de la Justice, & du dessein qu'il a de la rendre aussi pure, que la Corruption des Hommes le peut souffrir, ne m'obligeoit à se contenter de proposer seulement à V. M. certains Remédes généraux, pour arrêter le Cours des principaux Désordres.

Au Jugement de la plus grande Partie du Monde, le plus souverain consiste à supprimer la Vénalité, à éteindre l'Hérédité des Offices, & à les donner gratuitement à des Personnes d'une Capacité & d'une Probité si connuë, que leur Mérite ne puisse être contesté par l'Envie même.

Mais comme ce n'est pas chose qui se puisse faire en ce tems, & qu'il sera difficile de pratiquer cet Expédient en quelqu'autre que ce puisse être ; il seroit maintenant inutile de proposer des

des Moyens pour parvenir à cette Fin.

Lors qu'on voudra entreprendre ce Dessein, il s'en trouvera sans doute, qui ne se peuvent prévoir maintenant, & ceux qu'on pourroit prescrire ne seroient plus de saison, lors qu'on pourroit mettre la main à l'Oeuvre.

Cependant bien qu'il soit presque toûjours dangereux d'être singulier dans son Advis, je ne puis que je ne die hardiment, qu'en l'état present des Affaires, & en celui qu'on peut prévoir pour l'avenir, il vaut mieux, selon ma pensée, continuer la Vénalité & l'Hérédité des Offices, qu'en changer tout à fait l'Etablissement.

Il y a tant d'Inconveniens à craindre en un tel changement, qu'ainsi que bien que les Elections aux Bénéfices soient plus anciennes & plus Canoniques que les Nominations des Rois; si est-ce toutefois que les grands Abus qui s'y sont commis, & qu'il seroit impossible d'empêcher, rendent l'Usage des Nominations plus supportable, comme sujet à moins de mauvaises Conséquences.

Aussi, bien que la Suppression de la Vénalité & de l'Hérédité des Offices, soit conforme à la Raison, & à toutes les Constitutions du Droit; si est-ce néanmoins, que les Abus inévitables, qui se commettroient en la Distribution des Charges si dépendantes de la simple Volonté des Rois; Elles dépendroient par conséquent de la Faveur & de l'Artifice de ceux qui se trouveroient plus Puissans auprés d'eux, rendant la façon, par laquelle on y pourvoit maintenant, plus tolérable que celle dont on s'est servi par le passé, à cause des grands Inconveniens qui l'ont toûjours accompagnée.

Il faudroit être aveugle pour ne connoître pas la différence qu'il y a entre ces deux Partis, & de ne desirer pas de tout son cœur la Suppression de la Venalité & de l'Hérédité des Offices, supposé qu'en ce cas les Charges fussent distribuées par la pure consideration de la Vertu.

Aussi est-il impossible de ne reconnoître pas qu'en tel cas les Artifices de la Cour, pourroient plus que la raison, & la Faveur plus que le Mérite.

Rien ne donna tant de Moyen au Duc de Guise de se rendre Puissant dans la Ligue contre le Roi & son Etat, que le grand nombre d'Officiers qu'avoit introduit son Crédit dans les principales Charges du Royaume. Et j'ai appris du Duc de Sully que cette considération fut le plus puissant Motif, qui porta

porta le Feu Roi à l'Etabliſſement du Droit Annuel, que ce Grand Prince n'eût pas tant d'égard au Revenu qu'il en pouvoit tirer, qu'au moyen de ſe garantir à l'avenir de pareils Inconvéniens, & qu'encore que le Fiſc pût beaucoup ſur lui, la Raiſon d'Etat y fut plus puiſſante en cette occaſion.

Au nouvel Etabliſſement d'une République, on ne ſçauroit ſans crime n'en bannir pas la Vénalité, parce qu'en tel cas la Raiſon veut qu'on établiſſe des Loix les plus parfaites, que la Société des Hommes le peut ſouffrir. Mais la Prudence ne permet pas d'agir de même pied en une Ancienne Monarchie, dont les Imperfections ont paſſé en Habitude, & dont le Deſordre fait (non ſans utilité) partie des ordres de l'Etat.

Il faut en ce cas ſuccomber à la Foibleſſe, & ſe contenter plûtôt d'une Régle modérée que d'en établir une plus auſtére, & qui ſeroit peut-être moins convenable, ſa Rigueur étant capable de cauſer quelque ébranlement à ce qu'on veut affermir.

Je ſçai bien qu'on dit d'ordinaire, que celui qui achette en gros la Juſtice, la peut vendre en détail; mais il eſt vrai toutefois qu'un Officier, qui met la plus grande partie de son bien à une Charge, ne sera pas peu retenu de mal faire, par la crainte qu'il aura de perdre tout ce qu'il a valant ; & qu'en tel cas le prix des Offices n'est pas un mauvais Gage de la fidélité des Officiers.

Les Plaintes qu'on fait de la Vénalité ont été communes en tous les Aages de la Monarchie ; mais bien qu'on les ait toûjours reconnuës raisonnables en elles-mêmes, on n'a pas laissé de tolérer le Desordre qui en étoit la Cause, présuposant que nous ne sommes pas capables de l'Austére Perfection qu'elles ont pour Fin.

Il faudroit étre ignorant dans l'Histoire pour ne sçavoir pas que quelques-uns qui l'ont écrite, n'épargnant pas même le Roi Saint Loüis, ont taxé son Régne, parce que de son tems on ne donnoit pas les Charges gratuitement ; qu'ils en condamnent d'autres qui sont venus ensuite, parce que le Trafic des Offices étoit déja si public, qu'on affermoit les Deniers qui en provenoient, & qu'ils rendent la Memoire du Grand Roi François odieuse, parce que c'est le premier qui mû par la nécessité de son Siécle, les mit en Commerce réglé qui a toûjours duré.

J'avoüe que c'est un malheur à ce

Grand

Grand Prince d'être le premier Auteur de ce mauvais Etablissement, mais peut-être ne seroit il pas si condamnable, si on sçavoit bien les Raisons qui l'y ont contraint. La connoissance qu'il avoit que les Particuliers vendoient ses Graces à son insçû, & l'Importance des grandes Affaires dont il étoit accablé, lui firent croire, qu'il n'y avoit point de meilleur & de plus promt Expédient pour tirer volontairement le Bien de ses Sujets, que de leur donner de l'Honneur pour de l'Argent.

Le Feu Roi assisté d'un fort bon Conseil dans une profonde Paix, & un Régne exemt de Nécessité, ajoûta l'Etablissement du Droit Annuel à la Venalité introduite par ce grand Prince.

Il n'est pas à présumer qu'il l'ait fait sans quelque Considération, & sans en avoir préveu, autant que la Prudence Humaine le peut permettre, les Conséquences & les Suites; Et c'est une chose assûrée que ce qui est fait par les Princes, dont la Conduite a été Judicieuse, ne peut-être changé avec Raison, si l'Expérience n'en fait connoître le Préjudice, & si l'on ne voit clairement qu'on peut faire mieux.

Les Desordres qui ont été établis par des Nécessitez Publiques, & qui se sont fortifiez par des Raisons d'Etat, ne se peuvent reformer qu'avec le tems. Il en faut doucement ramener les Esprits, & ne point passer d'une extrêmité à l'autre.

Un Architecte qui par l'excellence de son Art, corrige les défauts d'un ancien Bâtiment, & qui sans l'abatre le reduit à quelque Simetrie supportable, mérite bien plus de loüange que celui qui le ruïne tout à fait pour refaire un nouvel Edifice parfait & accompli.

Difficilement pourroit-on changer l'Ordre établi pour la disposition des Offices, sans altérer le Cœur de ceux qui les possédent, auquel cas il seroit à craindre qu'au lieu que par le passé, ils n'ont pas peu servi à retenir les Peuples dans leur devoir, ils contribuassent à l'avenir plus qu'aucuns autres à leurs débauches. Il est quelquefois de la Prudence d'affoiblir les Remédes, pour qu'ils fassent plus d'effet. Et les Ordres les plus conformes à la Raison ne sont pas toûjours les meilleurs, parce qu'ils ne sont pas quelquefois proportionnez à la portée de ceux qui les doivent pratiquer.

Au lieu que la Suppression de la Vénalité & de l'Hérédité des Offices devroit ouvrir la porte à la Vertu, elle l'oul'ouvriroit aux Brigues & aux Factions, & rempliroit les Charges d'Officiers de basse Extraction, souvent plus chargez de Latin que de Biens, dont il arriveroit beaucoup d'Inconvéniens. Si l'on pouvoit entrer aux Charges sans argent, le Commerce se trouveroit abandonné de beaucoup de Gens, qui éblouïs de la splendeur des Dignitez, coureroient plûtôt aux Offices & à leur Ruïne tout ensemble, qu'ils ne se porteroient au Trafic, qui rend les Familles abondantes.

Au reste, il n'y a personne qui ne sçache que la foiblesse de nôtre Siécle est telle, qu'on se laisse plûtôt aller aux importunitez, que conduire par la Raison, & qu'au lieu d'être guidez par la justice, on est d'ordinaire emporté par la faveur.

L'Expérience du passé nous doit faire craindre l'avenir, tant parce qu'elle nous a toûjours fait voir que les plus Puissans en Crédit gagnent souvent leur Cause au préjudice de la Vertu, que parce que le Prince & ses plus Confidens ne pouvant connoître le Mérite des Personnes, que par le jugement du Tiers & du Quart, ils ne sçauroient s'empêcher souvent de prendre l'Ombre pour le Corps.

Une basse Naissance produit rarement

les Parties nécessaires au Magistrat, & il est certain que la Vertu d'une Personne de bon Lieu a quelque chose de plus Noble que celle qui se trouve en un Homme de petite Extraction. Les Esprits de telles Gens sont d'ordinaires difficiles à manier, & beaucoup ont une Austérité si épineuse, qu'elle n'est pas seulement facheuse, mais préjudiciable.

Il est des premiers au respect des seconds comme des Arbres qui étant plantez en une bonne Terre portent des Fruits & plus beaux & meilleurs, que ceux qui sont en une mauvaise; & partant tant s'en faut qu'il faille condamner la Vénalité, parce qu'elle exclut des Charges & des Offices beaucoup de Gens de basse Condition; qu'au contraire c'est un des Sujets qui la rend plûtôt tolérable.

Le Bien est un grand ornement aux Dignitez, qui sont tellement relevées par le lustre extérieur, qu'on peut dire hardiment que de deux Personnes, dont le Mérite est égal; Celle qui est la plus aisée en ses Affaires, est préférable à l'autre; étant certain qu'il faut qu'un pauvre Magistrat ait l'Ame d'une trempe bien forte, si elle ne se laisse quelquefois amolir par la Considération de ses

ses Intérêts ; aussi l'Expérience nous apprend que les Riches sont moins sujets à Concussions que les autres, & que la Pauvreté contraint un Officier à être fort soigneux du revenu du Sac.

On dira peut-être que si ces Inconvéniens convient à souffrir la Vénalité, au moins est-il vrai que le Droit Annuel devroit être supprimé, parce qu'il met les Offices hors de prix, & empêche que les Gens de Vertu n'y puissent parvenir même par leur Argent.

Le Feu Roi prévoyant ce Mal, avoit inseré dans l'Édit qu'il fit sur ce Sujet, des précautions capables de le prévenir, exceptant non seulement du Droit Annuel les charges des premiers Présidens, des Procureurs & Avocats Généraux, mais se réservant de plus le Pouvoir de disposer des Offices qui y sont compris, lors qu'ils viendroient à vacquer, en payant préalablement aux Héritiers de ceux qui en étoient Pourveüs, le prix auquel ils seroient évaluez.

Ces Précautions étoient aussi préjudiciables que nécessaires ; & à dire le vrai, les Maux que cause présentement le Droit Annuel dans l'État ne procédent pas tant du vice de sa nature, que de l'imprudence avec laquelle on a levé les Correctifs que ce Grand Prince y avoit apportez. Si l'Edit fût demeuré en la pureté de son premier Etablissement ; les Offices ne fussent jamais venus à l'excez du prix auquel ils sont maintenant. Les changemens qu'on y a fait en ont rendu l'usage aussi préjudiciable qu'il eût été innocent, si on l'eût laissé dans les termes de son premier Etre ; & partant il en faut plûtôt corriger les Abus, qu'en changer l'Etablissement.

La Révocation du Droit Annuel obligeroit les Vieux Officiers à se retirer de leurs Charges, lors que l'Expérience & la maturité de leur âge, les rendroit plus capables de servir le Public. Cependant il est à propos qu'il y en ait de Vieux & de Jeunes, parce que comme la Prudence des premiers peut beaucoup servir à conduire les autres, la Vigueur des Jeunes est nécessaire pour réveiller, & animer les Vieillards.

Si mon but étoit de m'acquérir par cet Ouvrage l'inclination du Peuple plûtôt que de mériter sa bien-veillance en me rendant utile à l'Etat, je soûtiendrois qu'il faut Suprimer la Vénalité & le Droit Annuel tout ensemble ; Chacun s'est tellement persuadé que ce sont deux sources des Déréglemens du Royaume,

que

que la Voix publique me donneroit des Couronnes ſans examiner ſi je les aurois meritées.

Mais ſçachant que celui qui tâche d'acquérir de la Réputation par des ouvertures d'une Reformation plus conforme à la rigueur des Loix, que proportionnée aux Forces de l'Etat, ne cherche que ſon Intérêt, & ne peut s'excuſer d'une vanité non ſeulement blâmable; mais encore criminelle, & qu'en ce cas ſes Soins bien que ſpécieux ſont auſſi préjudiciables au Public, que la négligence & la malice d'un autre.

Je me donnerai bien de garde d'en uſer ainſi, il y a trop d'Inconvéniens à la ſuppreſſion de ces 2. Edits, pour ozer conclure qu'il eſt à propos de le faire.

S'ils ouvroient la porte à la négligence & au vice, comme on le ſupoſe d'ordinaire; je ne marchanderois pas à dire, que l'on ne les devroit pas ſouffrir. Mais quand je conſidére que s'il entre aux Offices des Perſonnes deſtituées des Qualitez qu'elles doivent avoir; C'eſt par la ſeule faute des Procureurs Généraux, qui informent de leurs Vies & de leurs Mœurs, & par celle des Compagnies qui étant Juges de leurs Capacité, & de leur Vertu, doivent les refuſer lors qu'ils n'ont pas les Conditions

tions requiſes. Je ne puis que je ne die que le Reméde de ce Mal conſiſte plus à faire obſerver les Ordonnances, qu'à abolir la Vénalité ; & le Droit Annuel, qui n'en ſont pas la Cauſe.

On dira peut-être que ſi les Offices de Judicature ne ſe vendoient point, on pourroit exercer la Juſtice gratuitement, mais pourvû que les Frais qui s'y font ſoient réglez, ils ne doivent pas être conſidérez comme un Mal dont il ſe faille mettre en peine.

Je ſçai bien qu'à prendre les choſes à la rigueur, ce ſeul prix qui eſt dû pour l'Adminiſtration de la juſtice, eſt payé par la privation de la liberté de ceux qui ſe ſont volontairement ſoûmis à l'Obſervation des Loix ; & qu'ainſi obliger ceux qui plaident à donner de l'argent, c'eſt les contraindre d'acheter une ſeconde fois, ce qu'ils ont déja bien chérement payé par leur ſujétion, cette Coûtume s'eſt néanmoins ſi bien fortifiée, que bien que l'Épice ſoit piquante par ſa nature, on n'oſeroit ſe plaindre de celles qui ſe payent au Palais, & qui propoſeroit d'en abolir l'uſage s'expoſeroit à la riſée du Monde.

Il y a des Abus qu'il faut ſouffrir, de peur de tomber dans des Suites de plus dan-

dangereuse conséquence; Le Tems & les Occasions ouvriront les yeux à ceux qui viendront en un autre Siécle, pour faire utilement ce qu'on n'ozeroit entreprendre en celui-ci, sans exposer imprudemment l'Etat à quelque ébranlement.

Toutes les Raisons rapportées ci-dessus, & beaucoup d'autres murement considérées, bien que la Vénalité & l'Hérédité des Charges ne soient pas Canoniques; encore qu'il fût à souhaiter que le Mérite eût toûjours été le seul Prix des Offices, & la Vertu le seul Titre qui en pût transmettre la Succession aux Héritiers des Officiers, au lieu de conclure au changement de ces deux Etablissemens, la Constitution présente de l'Etat m'oblige à dire déterminément trois Choses.

La premiére est, que si la Vénalité étoit ôtée, le Desordre qui proviendroit des Brigues & des Menées, par lesquelles on pourvoiroit aux Offices, seroit plus grand que celui qui naît de la liberté de les acheter, ou de les vendre.

La seconde, que si la seule Hérédité étoit abolie, outre que la modération que l'on procureroit tous les jours aux prix des Offices qui viendroient à vaquer, rendroit les Parties Casuelles presque

que du tout infructueuses, & que par ce moyen on introduiroit un sale Commerce, qui donneroit lieu à force gens de peu de Mérite de partager secrétement les graces que les Rois penseroient faire aux Officiers, nous retomberions dans le Mal dont le Feu Roi a voulu garantir cet Etat, lors que par l'Etablissement de la Paulette, il priva les Grands du Royaume du moyen de s'aquérir à ses Dépens diverses Créatures qui pûssent les servir en tems & lieu au préjudice des Intérêts Publics.

La troisiéme est, que puisque la Vertu des hommes n'est pas assez forte pour se porter à préférer toûjours le Mérite à la Faveur. Il vaut mieux laisser la Vénalité & le Droit Annuel, que d'abolir ces deux Etablissemens difficiles à changer tout d'un coup sans ébranler l'Etat.

Mais j'ajoûte qu'il est absolument nécessaire de modérer le prix des Offices, qui est monté jusqu'à tel Point, qu'il est impossible d'en supporter l'excez.

Si les Avis sont d'autant plus excellens qu'ils sont utiles & aisez à exécuter, on doit faire cas de celui-ci dont le fruit est évident & la Pratique fort aisée, puis que son Exécution ne requiert autre chose que de remettre l'Edit du Droit Annuel aux premiers termes de son Etablissement.

En

En ce cas les Offices étans reduits à un prix raisonnable, qui n'excédera pas la moitié de celui auquel le déréglement des Esprits les porte maintenant; & étant libre & facile au Roi de le payer aux Héritiers, pour disposer des Charges nouvelles à sa Volonté; tant s'en faut que l'Etat reçoive du dommage, qu'au contraire j'ose répéter qu'il en recevra beaucoup d'Avantage.

Au reste, on peut reduire les choses à ce Point, sans donner lieu de Plainte aux Parties Interessées, puis qu'il est aisé de les dédommager du Mal qu'ils se sont fait eux-mêmes par divers moyens que je ne specifie pas maintenant, parce que s'ils étoient découverts, ils perdroient leur force avant qu'on voulut les mettre en Pratique.

SECTION II.

Qui propose les Moyens Généraux qui se peuvent pratiquer pour arrêter le Cours des Desordres de la Justice.

APrés ce que dessus, il ne me reste autre chose à dire avant que de finir ce Chapitre, que ce que j'ai représenté à V. M. sur le Sujet du premier Ordre de son Royaume.

Si Elle fait grand cas des Officiers de la Justice dont la Réputation sera entiére ; Si Elle ne voit pas de bon œil ceux qui n'ayant eû autre moyen que celui de leur Argent pour parvenir à la Magistrature, se trouveront destituez de tout Mérite ; Si elle prive entiérement de sa grace, & fait châtier ceux qui abusant de leur devoir, vendront la Justice au préjudice de ses Sujets, Elle fera absolûment tout ce qui peut être utilement pratiqué pour la Réformation de ce Corps, laquelle dépend aussi bien que celle de l'Ordre Ecclésiastique, plus de ceux qui en ont l'Administration, que des Loix & des Réglemens qui demeurent inutiles, si ceux qui ont Charge de les faire Observer, n'en ont aussi la volonté.

Quand même les Loix seroient défectueuses, si les Officiers sont Gens de bien, leur Probité sera capable de suppléer à ce deffaut, & pour bonnes qu'elles puissent être, elles sont tout-à-fait infructueuses, si les Magistrats en negligent l'exécution ; beaucoup plus s'ils sont méchans pour en pervertir l'Usage, selon leurs Passions & leur Déréglement ; étant difficile d'être Juge & Jeune tout ensemble. Je ne puis que je ne remarque en suite de ce que j'ai dit, que pour réfor-

réformer la Justice, ce n'est pas une chose de petite conséquence, que de faire observer soigneusement les Ordonnances, sur le sujet de l'Age auquel les Officiers doivent être reçûs.

On ne sçauroit à mon avis y être trop exact, ni par conséquent trop sévére envers les Procureurs Généraux, qui manqueront à leur Dévoir en l'obligation, qu'ils ont d'avoir l'œil à ce que les Intéressez ne puissent surprendre les Juges en ce sujet, ni éluder par supposition & déguisement les bonnes intentions du Prince.

Outre que par cette juste rigueur on se garantira du Mal de la Jeunesse, qui n'est pas petit, on se préservera aussi de celui de l'Ignorance, qui est la Source de beaucoup d'autres.

Les Officiers ne se pouvant précipiter comme ils font à present en leur Réception, étudieront davantage, puis qu'autrement il faudroit qu'ils demeurassent Oysifs, ce qui n'arrive guére à ceux qui ont étudié, qu'aprez qu'ils ont obténu la Fin qu'ils se proposent.

Je ne dois pas obmettre à ce Propos, qu'il feroit encore à désirer qu'on rétranchât absolument la Pratique de certains Docteurs, qui sifflans les Jeu-

Jeunes comme des Péroquets, leur aprenent ſouvent à dire ce qu'ils n'entendent pas, & ne les rendent habiles qu'à tromper le Public en ſe trompant eux-mêmes.

Telles Gens ſont ſemblables aux Tireurs d'Armes, qui ne ſont bons qu'à inſtruire les Hommes à leur propre ruine, & à les empécher de ſçavoir les vrais Exercices des Gens de Guerre, qui ne s'apprénent que dans les Armées, avec beaucoup de Tems & de Fatigues.

Le Baniſſement des uns & des autres ne ſeroit pas de petite utilité, ce qui dans la Pratique ſe trouveroit auſſi difficile, comme la Propoſition en eſt aiſée. J'aime mieux me contenter de condamner en ce lieu les Péres qui ſouffrent que leurs Enfans ſoient inſtruits de la ſorte, & les convier à l'avenir à ne commettre plus une telle faute contre leur propre Sang ; que de ſupplier V.M. de preſcrire ſur ce ſujet de nouvelles Loix, qui ne ſeroient pas plûtôt faites qu'on ne trouvât mille moyens d'en éluder l'Effet, & d'en éviter la Pratique.

L'Expérience que vint ans de la continuelle Occupation que j'ay euë dans l'Adminiſtration des Affaires Publiques, m'ont acquiſe, m'oblige à remarmarquer, que bien qu'il fût à désirer que les Compagnies Sédentaires, qui sont absolument établies pour rendre la Justice à un chacun, & prévenir & régler tous les désordres du Royaume, s'acquitassent si bien de leur Dévoir, qu'il ne fût pas besoin d'avoir recours à des Commissions extraordinaires, pour les y maintenir: Il est néanmoins si difficile d'espérer ce qu'on doit souhaitter en ce sujet, que j'ose avancer que pour tenir ce grand Etat en la Police & en la Discipline sans laquelle il ne peut être Florissant; On ne sçauroit rien faire de plus à propos, que d'envoyer de tems en tems dans les Provinces des Chambres de Justice, composées de Conseillers d'Etat, & de Maîtres des Réquêtes, bien choisis, pour éviter les Epines des Parlemens, qui fomentent des difficultez sur toutes choses, afin que cette Compagnie recévant les Plaintes, qui pourroient être faites contre toutes sortes de Personnes, sans exception d'aucune Qualité, elle y pourvoye en même Tems.

Je sçais bien que les Cours Souvéraines souffriront mal-volontiers tels Etablissemens mais étant impossible qu'elles ne reconnoissent, qu'un Souvérain n'est pas obligé de souffrir leur Négligengence, & que la Raison veut, qu'il supplée à leur deffaut; Je ne crains point de dire qu'il vaut mieux en cette occasion acquerir leur estime, en correspondant à son Obligation, que conserver leur Bien-vueïllance, en manquant à ce qui est dû aux Intérêts Publics. Or parce qu'il est impossible d'envoyer telles Compagnies en même tems dans toutes les Provinces, & qu'il suffira qu'une de cette nature, composée des mêmes Officiers, ou de differens, fasse le tour de la France en six Ans; Je croy qu'il sera trés-utile d'envoyer souvent dans les Provinces des Conseillers d'Etat, ou des Maîtres de Requêtes bien choisis, non seulement pour faire la Fonction d'Intendans de Justice dans les Villes Capitales, ce qui peut plus servir a leur Vanité, qu'à l'Utilité du Public; mais pour aller en tous les Lieux des Provinces, s'enquérir des Mœurs des Officiers de Justice & des Finances; voir si les Impositions se lévent conformément aux Ordonnances; si les Reçeveurs n'y commettent pas d'Injustices en vexant les Peuples; découvrir la façon avec laquelle ils exercent leurs Charges: apprendre comme se gouverne la Noblesse, & arrêter le cours de toutes sor-

tes

tes de Desordes, & spécialement des Violences de ceux qui étant Puissans & Riches oppriment les Foibles & les Pauvres Sujets du Roi.

SECTION III.

Qui Représente combien il est Important d'empêcher, que les Officiers de la Justice n'empiétent sur l'Autorité du Roi.

APRES avoir Représenté ce qui doit être Pratiqué, & ce qui le peut être aisément pour rendre les Officiers de la Justice tels qu'ils doivent être a l'égard des Particuliers, je ne sçaurois m'abstenir sans Crime de proposer ce qu'il faut faire, pour empêcher qu'un si Puissant Corps, comme est celui qu'ils composent, ne soit préjudiciable au gros de l'Etat.

Il semble qu'il y ait beaucoup à dire sur un tel Sujet, & cependant j'en dirai assez en trois mots, si je mets en avant qu'il ne faut autre chose que restraindre les Officiers de Justice à ne se méler que de la rendre aux Sujets du Roi, qui est la seule Fin de leur Etablissement.

Les plus Sages de vos Prédécesseurs ont

ont eû ce Soin en ſinguliére Recommandation, & s'en ſont bien trouvés, V. M. a ſuivi leur Exemple tant que j'ai eu l'honneur de Servir ſous ſes Commandemens; Et en effet c'eſt une choſe ſi Importante, que ſi on laiſſoit aller la Bride à ces Compagnies Puiſſantes; On ne pourroit plus aprés les retenir dans les bornes de leur Devoir.

Il ſeroit impoſſible d'empécher la Ruïne de l'Autorité Royale, ſi on ſuivoit les Sentimens de ceux qui étans auſſi Ignorans en la Pratique du Gouvernement des Etats, qu'ils préſument étre Savans dans la Théorie de leur Adminiſtration, ne ſont ni capables de juger ſolidement de leur Conduite, ni propres à donner des Arrêts ſur le Cours des Affaires Publiques, qui excédent leur portée.

Comme il ne faut rien ſouffrir de ces grandes Compagnies qui puiſſe bleſſer l'Autorité Souveraine, c'eſt Prudence de tolérer quelques-uns de leurs Défauts en autre genre.

Il faut compatir aux Imperfections d'un Corps, qui ayant pluſieurs Têtes ne peut avoir un même Eſprit, & qui étant agité d'autant de divers mouvemens, qu'il eſt composé de différent Sujets, ne peut ſouvent étre porté ni à con-

connoître ni à souffrir son propre Bien.

Il n'y a Personne qui ne doive improuver leur Procédé quand ils sont emportez par quelques Déréglemens, mais en le condamnant avec Raison, il est difficile d'y trouver de Reméde; parce que dans les grandes Compagnies, le nombre des Mauvais surpasse toûjours celui des Bons, & que quand ils seroient tous Sages, ce ne seroit pas encore chose seure, que les meilleurs Sentimens se trouvassent en la plus grande Partie, tant les Jugemens sont divers, en ceux mêmes, qui n'ayant autre dessein que de bien faire, ne sont pas différens en leurs Intentions & en leurs Fins.

C'est chose si ordinaire à telles Compagnies, de regarder & trouver à redire au Gouvernement des Etats, que cela ne doit pas sembler étrange.

Toute Autorité Subalterne regarde toûjours avec envie celle qui lui est Supérieure, & comme elle n'ose en disputer la Puissance, elle se donne la Liberté d'en décrier la Conduite.

Il n'y a point d'Esprits si réglez, à qui la Domination la plus douce du Monde, ne soit en quelque façon odieuse: Aussi est-ce pour cette considération, qu'un Ancien a dit avec raison; qu'entre les Hommes, qui sont égaux par Nature, il s'en trouve peu qui ne souffrent avec regret la différence, que la Fortune met entr'eux, & qui étant contraints de céder, ne blâment ceux qui les commandent, pour montrer, que s'ils leurs sont Inferieurs en Puissance, ils les surpassent en Mérite.

SECTION IV.

Des Officiers des Finances.

LEs Financiers & les Partisans sont une Classe séparée, préjudiciable à l'Etat, mais pourtant nécessaire.

Ce genre d'Officiers est un mal dont on ne sçauroit se passer, mais qu'il faut reduire à des termes supportables.

Leur excez & le Déréglement qui s'est glissé parmi eux, est venu à tel point qu'il ne se peut souffrir. Ils ne sçauroient s'agrandir davantage sans ruïner l'Etat & sans se perdre eux-mêmes, donnant lieu de s'emparer de leurs Biens sur la simple connoissance des excessives Richesses qu'ils auront amassées en peu de tems, & sur la différence qui se vérifiera entre ce qu'ils avoient lors qu'ils sont entrez en Charge, & ce dont ils se sont trouvez Possesseurs.

Je sçai bien qu'un tel Procédé peut

être

être sujet à de grandes méprises, & qu'il pourroit servir de prétexte à des violences bien injustes ; Aussi je ne touche pas ce Point en passant pour en conseiller la Pratique sujette à beaucoup d'Abus ; mais je soûtiens qu'on ne sçauroit s'en plaindre justement si on s'y gouvernoit avec telle circonspection, qu'en châtiant ceux qu'on trouveroit être Riches en peu de temps par la seule industrie de leurs mains, on ne touchât point sous ce prétexte au bien de ceux qui se sont rendus Riches & Puissans ; Ou par leur Patrimoine l'un des plus innocens moyens que les Hommes ayent de s'accroître : Ou par les gratifications émanées de la pure Faveur de leur Maître, qui les exempte de Crime : Ou par les pures récompenses qui ont été données à leurs Services, qui en est un autre non seulement irreprochable, entre le plus légitime qui puisse être, puis qu'étant utile aux Particuliers ; il est avantageux à l'Etat qui sera toûjours mieux servi, quand ceux qui le servent utilement seront mieux traitez.

Il est absolument nécessaire de remédier aux Déréglemens des Financiers, autrement ils causeroient enfin la Ruïne du Royaume qui change tellement de face par leurs voleries, que si on n'en arrêtoit le cours, dans peu de temps il ne seroit plus reconnoissable.

L'or & l'argent dont ils regorgent leur donne l'Aliance des meilleures Maisons du Royaume, qui s'abâtardissent par ce moyen & ne produisent plus que des motifs aussi éloignez de la Générosité de leurs Ancêtres, qu'ils le sont souvent de la ressemblance de leurs Visages; Je puis dire pour l'avoir vû, qu'en beaucoup d'occasions leur négligence ou leur malice a beaucoup préjudicié aux Affaires Publiques.

Aprés avoir bien pensé à tous les Remédes des Maux dont ils sont cause, j'ose dire qu'il n'y en a point de meilleur que de les reduire au moindre nombre qu'il sera possible, & faire servir par Commission aux occasions importantes, des gens de bien, propres aux Emplois qui leur seront donnez, & non des Personnes qui étant pourvûs en Titre, pensent en avoir un suffisant pour voler impunément.

Il sera fort aisé dans une profonde Paix de supprimer beaucoup d'Officiers de cette nature, & par ce moyen de délivrer l'Etat de ceux qui sans lui rendre aucun Service, tirent toute sa Substance en peu de tems.

Je sçai bien qu'on peut dire qu'on les traite d'ordinaire comme des Sangsuës,

à

à qui l'on fait souvent avec un grain de Sel rendre tout le Sang qu'elles ont succé, & comme des Eponges qu'on laisse remplir, parce qu'en les pressant on exprime tout le suc qu'elles avoient tiré auparavant. Mais c'est un mauvais Expédient à mon avis, & j'estime les Traitez & les Compositions que l'on fait quelquefois avec les Financiers un Reméde pire que le mal, puisqu'à proprement parler, c'est leur donner un Titre pour voler de nouveau dans l'espérance d'une nouvelle grace, & que si par ce moyen on tire quelque chose de leur Bourse, ils recouvrent non seulement le Principal qu'ils ont donné, mais encore l'intérêt à bien plus haut prix que celui de l'Ordonnance. Ce qui me fait conclure, qu'outre certains Officiers nécessaires, comme un Trésorier de l'Epargne, un Receveur Général, deux ou trois Trésoriers de France en chaque Généralité, & autant d'Elûs aux Elections dont on ne sçauroit se passer, ce ne sera pas rendre un petit Service à l'Etat, si en desintéressant les Particuliers, qui de bonne foi ont donné de leur argent pour s'avancer par de tels Emplois selon le cours du temps, on supprime tout le reste. Sans ce reméde quelque Réglement qu'on puisse faire, il sera tout à fait impossible de conserver l'argent du Roi, n'ayant point de Croix, ni de Suplices assez grands pour empêcher que beaucoup d'Officiers de ce genre ne s'approprient une partie, de ce qui leur passera par les mains.

SECTION V.

Du Peuple.

TOus les Politiques sont d'accord que si les Peuples étoient trop à leur aise, il seroit impossible de les contenir dans les Régles de leur devoir ; leur Fondement est qu'ayant moins de connoissance que les autres Ordres de l'Etat beaucoup plus cultivez, ou plus instruits, s'ils n'étoient retenus par quelque nécessité, difficilement demeureroient-ils dans les Régles qui leur sont prescrites par la Raison & par les Loix.

La raison ne permet pas de les exempter de toutes Charges, parce qu'en perdant en tel cas la marque de leur Sujettion, ils perdroient aussi la mémoire de leur Condition, & que s'ils étoient libres de Tributs, ils penseroient l'être de l'Obéïssance.

Il les faut comparer aux Mulets qui étant accoûtumez à la Charge, se gâtent par

par un long repos plus que par le travail, mais ainsi que ce travail doit être modéré, & qu'il faut que la charge de ces Animaux soit proportionnée à leurs forces. Il en est de même des Subsides à l'égard des Peuples, s'ils n'étoient modérez, lors même qu'ils seroient utiles au Public, ils ne laisseroient pas d'être injustes.

Je sçai bien que lors que les Rois entreprennent des Travaux Publics, on dit avec verité que ce que le Peuple y gagne leur revient par le payement de la Taille ; de même peut-on soûtenir que ce que les Rois tirent du Peuple lui retourne, & qu'il ne l'avance que pour le retirer par la joüissance de son Repos & de son Bien, qui ne peut lui être conservé, s'il ne contribuë à la Subsistance de l'Etat.

Je sçai de plus, que plusieurs Princes ont perdu leurs Etats & leurs Sujets pour n'entretenir pas les forces nécessaires à leur conservation, de peur de les charger ; & que certains Sujets sont tombez en la Servitude de leurs Ennemis, pour vouloir trop de liberté sous leur Souverain Naturel; mais il y a un certain Point qui ne peut être outrepassé sans injustice; Le sens commun apprenant à un chacun qu'il doit y avoir proportion entre le fardeau & les forces de ceux qui le supportent.

 Cet-

Cette proportion doit être si Religieusement observée qu'ainsi qu'un Prince ne peut être estimé bon, s'il tire plus qu'il ne faut de ses Sujets; Les meilleurs ne sont pas toûjours ceux qui ne levent jamais que ce qu'il faut.

Au reste, comme lors qu'un Homme étant blessé, le cœur qui s'affoiblit par la perte du sang qu'il répand, n'attire à son secours celui des parties basses, qu'aprés que la plus grande partie de celui des hautes est épuisée. Ainsi aux grandes Nécessitez de l'Etat, les Souverains doivent autant qu'ils peuvent se prévaloir de l'abondance des Riches, avant que de saigner les Pauvres extraordinairement.

C'est le meilleur Conseil que puisse prendre V. M. qui le pratiquera fort aisément, puis qu'Elle peut tirer à l'avenir la principale Subsistance de son Etat, de ses Fermes Générales, qui intéressent plus les Riches que les Pauvres: en ce que ceux-ci dépensans moins, ils ne contribüent pas tant à ce qui en revient.

CHA-

CHAPITRE V.

Qui considére l'Etat en Soi-même.

SECTION. I.

Qui Représente combien il est important que les diverses Parties de l'Etat demeurent châcune dans l'Etendüe de ses Bornes.

APRES avoir parlé séparément des divers Ordres dont l'Etat est composé; Il ne me reste quasi rien à dire en gros, sinon qu'ainsi qu'un Tout ne subsiste que par l'Union de ses Parties en leur ordre, & en leur lieu naturel; Aussi ce grand Royaume ne peut être Florissant, si V. M. ne fait Subsister les Corps dont il est composé en leur Ordre; L'Eglise tenant le premier lieu, la Noblesse le second, & les Officiers qui marchent à la Tête du Peuple le troisiéme.

Je dis hardiment ce fait, parce qu'il est aussi important que juste d'arrêter le cours des Entreprises de certains Officiers, qui enflez d'orgueil, soit à cause des grands Biens qu'ils possédent, ou de l'Autôrité que leur donne l'Emploi de leurs Charges, sont présomptueux jusqu'à tel point, que de vouloir avoir le premier lieu, où ils ne peuvent prendre que le troisiéme. Ce qui est tellement contre la Raison & contre le bien de vôtre Service, qu'il est absolument nécessaire d'arrêter le cours de telles Entreprises, puis qu'autrement la France ne seroit plus ce qu'elle a été, & ce qu'elle doit être; mais seulement un Corps monstrueux, qui comme tel ne pourroit avoir de Subsistance ni de Durée.

Comme c'est une chose trés-certaine que les Elemens qui sont capables de poids, n'ont point de pesanteur lors qu'ils sont en leur lieu; C'est chose aussi trés-asseurée qu'aucun des Ordres de Vôtre Etat ne sera à charge à l'autre, lors que chacun sera contraint d'être en la place qu'il doit avoir par sa Naissance.

Et comme le Feu, ni l'Air ni l'Eau ne peuvent soûtenir un Corps Terrestre, parce qu'il est pesant hors de son lieu; il est certain, que ni l'Eglise ni la Noblesse ne sçauroient suporter la Charge des Officiers, lors qu'ils voudront être hors de la place.

L'Asseurance que j'ai que V. M. sçau-

sçaura bien contenir chacun en ses Bornes, fait que sans m'étendre davantage sur ce Sujet, je passe à deux Questions que je raporte en ce Chapitre, parce qu'elles regardent également les trois divers Ordres de l'Etat.

SECTION II.

Qui Examine s'il vaut mieux rendre les Gouvernemens Triennaux en ce Royaume, que les laisser Perpétuels selon l'Usage qui a été Pratiqué jusqu'à présent.

CHACUN estimera d'abord qu'il est meilleur de les rendre Triennaux; mais quand on aura bien balancé l'Utilité qui en peut revenir avec les Incommoditez qu'on en doit craindre; Peut-être estimera-t-on, ainsi que je l'ai déja remarqué, que bien que la Nomination aux Bénéfices ne soit pas si Canonique que les Elections, son Usage toutefois est plus utile en ce tems pour beaucoup de Raisons; qu'ainsi encore que la Suppression de la Vénalité soit à désirer pour diverses Raisons, on ne peut toutefois ne pas en tolérer l'Usage sans tomber en beaucoup d'Inconvéniens exprimez en leurs lieux.

Aussi ne peut on rendre les Gouvernemens des Provinces & des Places, Triennaux, sans s'exposer à beaucoup plus d'Inconvéniens, que ceux qui peuvent être appréhendez par l'Etablissement Perpétuel des Gouverneurs.

Je sçai bien qu'on peut dire que celui qui n'auroit un Gouvernement que pour trois ans, n'auroit probablement autre pensée que d'en sortir avec reputation, & s'y conduire avec tant de retenuë, que son Administration fut préférée à celle de son Prédécesseur, au lieu que s'il en est asseuré pour toute sa vie, l'asseurance de sa Charge lui donne beaucoup de licence.

Mais il y a bien plus d'asseurance que celui qui sçaura n'être pas toûjours en une Charge en voudra tirer en peu de tems tout le profit qu'il en pourroit espérer pendant sa vie, que s'il en étoit asseuré jusqu'à sa mort, & qu'il seroit à craindre qu'en la légéreté de nôtre Nation il se trouvât des Esprits si mal-faits, que prévoyant la Fin d'une Administration qui leur seroit agréable, ils se resolussent à s'y perpétuer en recevant pour Maîtres ceux qu'ils devroient tenir pour Ennemis.

Si l'on met en avant la Pratique d'Espagne qui change souvent les Gouverneurs

neurs, aprés avoir répondu qu'il n'y a rien de si dangéreux que ce Gouvernement par exemple. J'ajoûterai qu'ainsi qu'il se trouve des fruits dont l'usage qui est excellent en un Païs est un poison en l'autre; de même il y a des Etablissemens dont la Pratique est bonne en un Etat, qui seroit trés-pernicieuse en d'autres.

On dira peut-être pour prévenir les Objections qui peuvent se faire contre l'Usage de l'ordre d'Espagne en ce Royaume, que ceux qui sortiront d'une Charge, aprés que le tems de leur Administration sera passé, n'auront pas sujet d'être Mécontens, puis qu'ils seront employez en d'autres qui souvent se trouveront meilleurs; mais il se rencontrera en la Pratique d'un tel ordre de si grandes difficultez, qu'il sera impossible de les surmonter.

Tel qui sera propre à être Gouverneur en Picardie, parce qu'il sera né en cette Province-là, ne sera bas bon pour être employé dans la Brétagne, où il n'aura aucune habitude, & où la Charge qu'on lui voudroit donner, ne lui sçauroit fournir les moyens de Subsister.

Les Gouvernemens en France sont presque tous si peu utiles, que si on ne les donne à des Personnes qui les souhaitent plus

plus pour l'Honneur & pour la commodité de leur Voisinage que pour autre Considération ; il s'en trouve peu qui en puissent suporter la dépense ; & il n'y a pas dans les Provinces assez de gens pour faire les changemens qu'il faudra faire, si les Emplois sont rendus Triennaux.

Telles mutations sont non seulement praticables, mais absolument nécessaires aux grandes Charges d'Espagne, comme en celles des Vice-Rois de Naples, de Sicile, de Sardaigne, au Gouvernement de Milan, & autres Emplois de pareille Considération; Et toutes apportent tant d'utilité à ceux qui les possédent, qu'en quittant l'Abondance des uns, on rentre dans l'Opulence des autres

Les lieux éloignez de la demeure des Princes requiérent changement de Gouverneurs aux Charges aussi Puissantes que le sont celles dont je viens de parler; parce qu'une plus longue demeure que celle de trois ans, pourroit donner moyen d'y former d'assez fortes habitudes pour s'y établir pour toûjours ; Vû principalement que l'Ambition des Hommes est si puissante, que pour peu qu'un Esprit soit déréglé, il ne lui sera pas difficile de laisser emporter sa pensée à changer sa Condition de Sujet en celle de Maître.

Mais

Mais ce n'est pas de même en France, dont les Gouverneurs ne sont pas assez éloignez de la demeure des Rois, pour qu'on puisse craindre un tel Inconvénient, ni les Charges assez Puissantes, pour donner assez d'Autôrité pour s'en rendre les Maîtres.

Aussi pourveu que V. M. & ses Successeurs se reservent le Pouvoir de changer les Gouvernemens comme bon leur semblera au moindre Sujet qu'ils en auront, ce qu'ils pourront toûjours avec Justice, si la Vénalité en étant abolie, ils les donnent gratuitement. Je ne crains point de dire qu'il vaut mieux demeurer sur ce Point-là en la Pratique de la France, qu'imiter celle d'Espagne; laquelle cependant est si Politique & si raisonnable eû égard à l'Etenduë de sa Domination, que bien qu'elle ne puisse être utilement pratiquée en ce Royaume, on doit à mon Avis, s'en servir aux lieux dont la France se conservera la Possession en Lorraine & en Italie.

SECTION III.

Qui condamne les Survivances.

LEs Survivances dont il s'agit en ce lieu, sont accordées ou contre le-

gré

gré des Possesseurs des Charges, ou de leur consentement.

Il n'y a Personne qui ne reconnoisse qu'il est tout-à-fait injuste de donner un Successeur à un Homme vivant, contre son gré, vû que par ce Moyen sa Vie est exposée aux Artifices de celui qui doit profiter de sa Mort, & que la Crainte qui peut justement saisir son Esprit lui est une Mort avancée.

Cette Pratique qui a eû par le passé un grand cours dans le Royaume en est maintenant bannie. Elle est si dangereuse que les Conciles & diverses Constitutions des Princes Temporels la condamnent aussi bien que la Raison.

Le Consentement des Possesseurs ne peut mieux justifier cet Usage, en ce que quelque confiance qu'ils pûssent avoir en ceux qui leurs sont donnez pour Successeurs, ils y sont souvent trompez; Etant impossible de contenter en un Etat chacun par Bien-faits, il est important au moins de laisser l'Espérance à ceux, à qui on ne peut donner mieux. Ce qui ne se peut faire si les Charges, les Offices, & les Bénéficés sont souvent asseurez à des Enfans, qui au comble de leur Mérite & de leur Aage, n'ozeroient peut-être penser à parvenir aux Hon-

Honneurs & aux Grades qu'on leur a donnez au Berceau.

Telles graces qui intéressent grandement l'Etat, n'obligent quasi point les Particuliers. Celui ne pense pas qu'on lui donne ce dont il voit son Pére ou un autre Parent en Possession, il croit que l'asseurance qu'on lui en procure est plûtot un Droit d'Hérédité qu'un Effet de la Bonté du Prince.

Encore que le Bien de l'Etat requiére qu'en la Promotion qu'on fait aux Charges, on considére plus le Mérite des Sujets qui y sont élevez que toute autre chose; en ce qui est des Survivances, on a plus d'égard au Service de celui qui demande un Successeur, qu'à ceux que peut rendre celui qui succéde. La Faveur des uns tient souvent en telles occasions lieu de Mérite pour les autres, qui n'ont aucun Titre qui les recommande que celui de leur Importunité.

Partant je conclus que le moins qu'on peut accorder de telles graces, c'est asseurément le meilleur: & qu'il seroit encore plus utile de n'en donner aucune; parce que quelque Considération particuliére qu'on puisse alléguer, la Consequence est dangereuse en des Etats, où les Exemples ont souvent plus de force que la Raison. Si

Si quelqu'un Remarque que je condamne en cet Article une chose dont j'ai souffert la Pratique même à l'endroit des miens, *il demeurera je m'asseure fort satisfait, si l'on considére que tandis qu'un Desordre a cours sans qu'on y puisse aporter de Remède; la Raison veut qu'on en tire de l'ordre : ce que j'ai pensé faire en conservant des Charges établies par mes Soins, à ceux que je pouvois plus étroitement obliger à suivre mes Intentions & mes Traces; Si dans le Trouble d'un Régne agité de diverses Tempêtes, j'eusse pû faire êtablir le Réglement que je propose, j'en eusse été trés-religieux Observateur.

* Quand le Cardinal a été Pourvû de la Charge de la Mer, le Commerce étoit quasi entiérement ruiné, & le Roi n'avoit pas un Vaisseau.

CHAPI-

CHAPITRE VI.

Qui représente au Roy, ce qu'on estime qu'il doit considérer à l'égard de sa Personne.

DIEU étant le Principe de toutes Choses, le Souvérain Maître des Rois, & celui seul qui les fait Régner heureusement, si la Dévotion de V. M. n'étoit connuë de tout le Monde, je commencerois ce Chapitre, qui concerne sa Personne, en luy représentant, que si Elle ne suit les Volontez de son Créateur, & ne se soûmet à ses Loix, Elle ne doit point espérer de faire observer les siennes, & de voir ses Sujets obéissans à ses Ordres.

Mais ce seroit une chose superfluë d'exhorter V. M. à la Dévotion; Elle y est si portée par son Inclination, & si confirmée par l'habitude de sa Vertu, qu'il n'est pas à craindre que jamais Elle s'en sépare.

C'est ce qui fait qu'au lieu de lui représenter les Avantages que les Princes Religieux ont par dessus les autres; je me contente de mettre en avant, que

que la Dévotion, qui est nécessaire aux Rois, doit être exemte de scrupule : Je le dis, SIRE, parce que la délicatesse de la Consçience de V. M. lui fait souvent craindre d'offenser DIEU, en faisant certaines choses, dont assûrément Elle ne sçauroit s'abstenir sans péché.

Je sçais bien que les Défauts des Princes, qui sont de cette Nature, sont beaucoup moins dangéreux pour les Etats, que ceux qui panchent vers la Présomption, & le Mépris de ce qu'ils doivent révérer. Mais puis qu'ils portent le nom de Défaut, il les faut corriger principalement, s'il est vray, comme il est trés-certain, qu'il en peut arriver beaucoup d'Inconvéniens préjudiciables à l'Etat.

Je la supplie en cette considération, de vouloir se fortifier de plus en plus contre les Scrupules; se remettant devant les Yeux, qu'Elle ne peut être coûpable devant DIEU, si Elle suit (aux occasions qui se présenteront de difficile Discussion pour ce qui regarde sa Consçience) l'Advis de son Conseil, confirmé par celui de quelques bons Théologiens non Suspects, au Fait dont il s'agira.

Ce premier Fondement posé, rien n'étant plus nécessaire au Bien des Affaifaires de V. M. que la Conservation de sa Santé, il m'est impossible de ne pas rétomber sur un Sujet si Important.

Les soigneuses & diligentes Observations que j'ai faites de tout ce qui la touche, me font dire hardiment, que rien n'est requis à une Fin si importante, que sa propre Volonté, qui cependant est le plus puissant Ennemi qu'Elle puisse avoir en ce Sujet ; en ce que souvent il n'y a pas peu de peine à faire vouloir aux Princes, ce qui leur est non seulement Utile, mais tout-à-fait Nécessaire.

L'Esprit de V. M. domte si absolument son Corps, que la moindre de ses Passions saisit son Cœur, & trouble toute l'Oeconomie de sa Personne : Plusieurs Expériences m'ont fait connoître cette Vérité si certaine, que je ne l'ay jamais vûë Malade par autre Principe.

DIEU a fait cette Grace à V. M. de lui donner la Force de suporter avec fermeté, ce qui la pourroit plus intéresser aux Affaires de plus grande importance ; mais pour Contrepoids de cette plus grande Qualité, il a permis qu'Elle fût si Sensible, en ce qui la touche en de moindres Sujets, que des choses qui ne semblent pas d'abord lui pouvoir

voir déplaire, l'altérent de telle ſorte, qu'il eſt impoſſible de la ſoulager en telles occaſions, ainſi qu'on le voudroit : Le Tems qui donne lieu aux fumées, qui ſurprennent les Sens, de s'évaporer, a été juſqu'à préſent le ſeul Reméde à tels Maux en V. M. qui ne s'en eſt jamais trouvée ſaiſie, qu'auſſi-tôt elle ne l'ait été de quelque Indiſpoſition Corporelle.

Elle eſt en cela ſemblable à ceux, qui mépriſant les coups d'Epée, par la grandeur de leur Courage, ne peuvent, par une certaine Antipatie Naturelle, ſuporter la picquûre d'une Saignée.

S'il étoit impoſſible à tous les Hommes, de prévenir par Raiſon les ſurpriſes qu'ils reçoivent de leurs Paſſions, Je n'eſtimérois pas pourtant qu'il le fût à V. M. qui a beaucoup d'excellentes Qualitez que n'ont pas les autres.

Et partant je crois, que les premiers Boüillons de vôtre ardente Jeuneſſe, étant paſſez, le Flégme d'un Aage plus meur lui donnera lieu de ſe garentir à l'avenir par Raiſonnemens, d'un Ennemi d'autant plus dangéreux, qu'il eſt interne & Domeſtique, & qui lui a fait tant de mal, particuliérement deux ou trois fois, que peu s'eſt fallu qu'il ne lui ait ôté la Vie. Com-

Comme c'est une chose importante à vôtre Santé, elle l'est aussi à vôtre Réputation, & à vôtre Gloire, qui ne peut souffrir, que ce qui n'est rien dans la Raison, soit beaucoup dans vos Sentimens, qui la doivent suivre en toutes choses.

Je ne puis encore que je ne réitére à ce Propos, une Supplication que j'ai plusieurs fois faite à V. M. la conjurant d'apliquer son Esprit aux grandes choses importantes à son Etat, & de mépriser les petites, comme indignes de ses Soins, & de ses Pensées.

Il lui sera Utile & Glorieux, de repasser souvent dans son Esprit les Desseins les plus considérables, que le Cours des Affaires mettra sur le Tapis, & tant s'en faut qu'Elle puisse tirer aucun Avantage de s'occuper trop au Détail de celles qui ne sont pas de cette Nature, qu'au contraire Elle en recevroit beaucoup de Préjudice, non seulement en ce que telles Occupations la divertiroient d'autres meilleures, mais parce qu'aussi les petites Epines étant plus capables de piquer que les grandes, qui s'apperçoivent aisément, il lui seroit impossible de se garentir de beaucoup de Chagrins, inutiles aux Affaires, & fort contraires à la Santé.

Les

Les grandes Inquiétudes, dont j'ai vû son Esprit agité en diverses occasions, m'obligent à lui réprésenter en ce Lieu ce que j'ai fait en plusieurs rencontres, qu'ainsi que certains Soins sont nécessaires pour bien faire ses Affaires; Il y en a qui ne peuvent produire autre Effet, que l'Altération de la bonne Disposition de celui qui les prend avec trop de chaleur, & un tel étonnement à ceux qui servent, que le trouble de leur Esprit les rend moins propres à faire ce qu'on veut d'eux.

L'Expérience que vint-cinq Ans de Régne & de Gouvernement, donne à V. M. ne lui permet pas d'ignorer, qu'aux grandes Affaires, les Effets ne répondent jamais à point nommé, aux Ordres qui ont été donnez: Elle lui apprend aussi, qu'Elle doit plûtôt compatir à ceux à qui Elle commet l'Exécution de ses Volontez, si leur Travail ne succéde pas à souhait, que de leur imputer les mauvais Evénemens, dont ils ne sont pas Coupables.

Il n'y a que DIEU qui puisse rendre ses Résolutions Infaillibles, & cependant sa Bonté est telle, que laissant agir les Hommes selon leur Foiblesse, il souffre la Différence qu'il y a entre leurs Evénemens, & ses Dispositions; Ce qui apprend aux Rois à souffrir par Raison, avec Patience, ce que leur Créateur n'endure que par sa Bonté.

Vôtre Majesté étant d'un Naturel délicat, d'une Santé Foible, d'une Humeur inquiette & Impatiente, comme Elle est par sa Constitution Naturelle, particuliérement lors qu'Elle est dans une Armée, dont Elle prend la Conduite, je penserois commettre un Crime si je ne la suppliois d'éviter à l'avenir, la Guerre, autant qu'il lui sera possible; Ce que je fais sur ce Fondement, que la Légéreté & l'Inconstance des François, ne peut être vaincuë, que par la Présence de leur Maître, & que V. M. ne peut, sans s'exposer à sa Perte, s'attacher à un Dessein de si longue durée, ni par conséquent en espérer un bon Succez.

Elle a fait assez connoître sa Valeur & sa Force par ses Armes, pour ne penser à l'avenir qu'à joüir du repos, qu'Elle a acquis au Royaume par ses Travaux passez, se tenant en état de le défendre de tous ceux, qui contre la Foi publique, voudroient l'offenser de nouveau.

Etant chose assez ordinaire à beaucoup d'Hommes, de n'avoir point d'Action, que lors qu'ils sont animez de quelque Passion, ce qui les fait considerer comme l'Encens, qui ne sent ja-

jamais bon, que lors qu'il est dans le Feu, je ne puis que je ne die à V. M. que cette Constitution dangéreuse à toute sorte de Personnes, l'est particuliérement aux Rois, qui doivent plus que tous les autres agir par raison.

Et en effet, si la passion porte une fois au bien, ce n'est que par hazard, puisque par sa Nature elle en détourne tant, qu'elle aveugle ceux en qui elle est, & qu'encore qu'un homme privé de vûë, rencontre quelquefois un bon chemin, c'est une merveille s'il ne se fourvoye, & s'il ne tombe tout à fait, & il ne sçauroit s'exempter de broncher plusieurs fois, sans un bonheur extraordinaire.

Il est arrivé tant de maux aux Princes & à leurs Etats, lors qu'ils ont plûtôt suivi leurs sentimens que la Raison, & qu'au lieu de se conduire par la Considération des Intérêts Publics, leurs Passions ont été leurs Guides, qu'il est impossible de ne supplier pas V. M. d'y faire souvent réflexion, pour se confirmer de plus en plus en ce qu'Elle a toûjours pratiqué au contraire.

Je la supplie de repasser aussi souvent en sa Mémoire, ce que je lui ay représenté plusieurs fois, qu'il n'y a point de Prince en si mauvais état, que celui qui ne pouvant pas toûjours faire par soi-

soi-même, les choses à quoi il est obligé, a de la peine à souffrir qu'elles soient faites par autrui, & qu'être capable de se laisser servir, n'est pas une des moindres Qualitez que puisse avoir un Grand Roi; puisque sans cela les occasions sont souvent plûtôt écoulées, qu'on ait pû se disposer à les prendre, & que par ce moyen on perd des tems favorables, à l'avancement de l'État, pour des Sujets de nulle consideration.

Le Feu Roi vôtre Pere étant en une extrême nécessité, payoit ses Serviteurs de bonnes Paroles, & leur faisoit faire par ses Caresses, les choses à quoi sa nécessité ne lui permettoit pas de les porter par d'autres voyes.

Vôtre Majesté n'étant pas de cette Constitution, a une sécheresse naturelle, qu'Elle tire de la Reine sa Mere, ainsi qu'Elle-même lui a dit plusieurs fois en ma presence, l'empêchant de suivre en ce Sujet les Traces du Feu Roi: Je ne puis que je ne lui remette devant les yeux, que son Service requiert, qu'Elle fasse du Bien à ceux qui la servent, & qu'au moins est-il raisonnable, qu'Elle prenne un soin particulier, de ne rien dire, qui les puisse desobliger.

Ayant à traiter ci-aprés de la liberalité, que doivent avoir les Princes, je n'en dirai pas davantage en ce Lieu ; mais je m'étendrai ſur les Maux qui arrivent à ceux qui parlent trop librement de leurs Sujets.

Les coups d'Epée ſe guériſſent aiſément, mais il n'en eſt pas de même de ceux de la Langue, particuliérement par celle des Rois, dont l'Autorité rend les coups preſque ſans Remède, s'il ne vient d'eux-mêmes.

Plus une pierre eſt jettée de haut, plus fait-elle d'impreſſion où elle tombe ; tel ne ſe ſoucieroit pas d'être percé à jour, par les Armes Ennemies de ſon Maître, qui ne peut ſouffrir une égratigneure de ſa Main.

Ainſi que la Mouche n'eſt pas pâture de l'Aigle, que le Lion mépriſe les Animaux, qui ne ſont pas de ſa Force ; qu'un Homme qui s'attaqueroit à un Enfant, ſeroit blâmé de tout le Monde ; ainſi oſerai-je dire, que les Grands Rois ne doivent jamais entreprendre de Paroles des Particuliers, qui n'ont point de proportion à leur Grandeur.

L'Hiſtoire eſt pleine de mauvais Evénemens, qui ſont arrivez par la Liberté, que les Grands ont autrefois donnée à leur Langue, au Préjudice des Perſonnes qu'ils eſtimoient de nulle Conſidération.

Dieu

DIEU a fait cette Grace à V. M. que de son Naturel Elle n'est pas portée à faire mal, & partant il est raisonnable qu'Elle régle tellement ses Paroles, qu'elles ne fassent aucun Préjudice.

Je suis assuré que de propos déliberé, Elle ne tombera point dans cet Inconvenient; mais étant difficile de retenir ses premiers mouvemens, & ses subites Agitations d'Esprit, qui l'emportent quelquefois, si on n'y prend garde de bien prés, je ne serois pas son Serviteur, si je ne l'avertissois que sa Réputation & ses Intérêts, requiérent qu'Elle en ait un Soin particulier, vû même que telle liberté de Langue, qui ne pourra blesser sa Conscience, ne laissera pas de nuire beaucoup à ses Affaires.

Ainsi que, bien parler de ses Ennemis, est une Vertu Heroïque; un Prince ne peut parler licentieusement de ceux qui voudroient mettre mille Vies, pour lui, & pour son Service, sans commettre une Faute notable, contre la Loi des Chrêtiens, & contre celle de toute bonne Politique.

Un Roi qui a les mains nettes, le cœur pur, & la Langue innocente n'a pas peu de Vertu, & qui a ces deux premiéres Qualitez en éminence, comme V. M. peut avec beaucoup de facilité acquerir la troisiéme.

S'il est de la Grandeur des Rois d'être si retenus en leurs Paroles, qu'il ne sorte rien de leur Bouche qui puisse offenser les Particuliers; Il est non seulement de leur Prudence de ne rien dire au desavantage des principales Compagnies de leur Etat; ils doivent de plus parler en sorte qu'elles ayent occasion de croire être affectionnées d'Eux; les plus importantes Affaires de l'Etat obligent si souvent à les choquer, pour le Bien Public, que la Prudence veut qu'on les contente aux choses qui ne sont pas de cette Nature.

Ce n'est pas assez aux Grands Princes, de n'ouvrir jamais la Bouche pour mal parler de qui que ce puisse être; mais la Raison requiert qu'ils ferment les Oreilles aux Médisances & faux rapports, & qu'ils chassent & bannissent ceux qui en sont Auteurs, comme Pestes trés-dangereuses, qui empoisonnent les Cours & les Cœurs des Princes, & l'Esprit de tous ceux qui les approchent: Si ceux qui ont libre accez aux Oreilles des Rois, sans le mériter, sont dangereux, ceux qui en possédent le Cœur par pure faveur, le sont bien davantage, puisque pour conserver un tel Trésor, il faut par nécessité que l'Art & la Malice suppléent au dé-

défaut de la Vertu, qui ne se trouve pas en eux.

Je ne puis que je ne dic à ce Propos, que j'ai toûjours plus apprehendé pour V. M. le pouvoir de telles Gens, que la Puissance des plus Grands Rois du Monde, & qu'Elle a plus à se garder de l'Artifice d'un Valet, qui la veut surprendre, que de toutes les Factions que les Grands pourroient former en son Etat, quand même ils butteroient tous à une même Fin.

Lors que je suis entré dans les Affaires, ceux qui avoient eu l'Honneur de la servir auparavant, tenoient pour constant qu'entre faire un Raport à leur préjudice, & le persuader à V. M. il n'y avoit point de difference, & sur ce Fondement le principal Soin, étoit d'avoir toûjours de leurs Confidens auprés d'Elle, pour se garantir du mal qu'ils avoient à craindre.

Bien que l'Expérience, que j'ai faite, de la Fermeté de V. M. en mon endroit, m'oblige de reconnoître, ou que le Jugement qu'ils faisoient étoit mal fondé, ou que les Réflexions que le Tems lui a fait faire sur moi-même, lui ont ôté cette facilité de sa 1re. Jeunesse; je ne laisse pas de la conjurer de s'affermir de telle sorte en la Conduite dont il lui a plû user envers moy, que Personne n'en puisse apprehender une contraire.

Ensuite je ne puis que je ne lui die, qu'ainsi que les oreilles des Princes doivent être fermées aux Calomnies, aussi doivent-elles être ouvertes aux Véritez utiles à l'Etat, & que comme la Langue doit être immobile pour ne rien dire au préjudice de la Reputation d'autrui, aussi doit elle être libre & hardie à parler lors qu'il est question des Intérêts Publics.

Je remarque ces deux Points, parce que j'ai souvent observé, que ce n'étoit pas une petite Croix à V. M. de se donner la Patience d'écouter ce qui même lui étoit le plus important; & que lors que le bien de ses Affaires l'obligeoit à faire connoître ses Volontez, non seulement aux Grands, mais encore aux Petits, & aux Personnes de médiocre Condition, Elle n'avoit pas peu de peine à s'y resoudre, quand Elle prévoyoit qu'elles ne leur seroient pas agreables.

J'avouë que cette Crainte est un Témoignage de Bonté; mais pour n'être pas Flateur, je ne puis que je ne lui die, que c'est aussi un Effet de quelque Foiblesse, qui pouvant être tolerable dans un Particulier, ne le peut être dans un Grand Roi; veu les Inconveniens qui en peuvent arriver.

Je ne mets point en Ligne de compte, qu'un tel procédé rejetteroit toute l'envie & la haine des Résolutions sur le Conseil de V. M. parce que ce seroit peu de chose, si les Affaires pouvoient bien aller à ce Prix; mais ce qui est à considérer est, qu'il se trouve souvent des occasions, où quelque Autorité qu'ait un Ministre, elle ne peut être assez grande, pour produire certains Effets, qui requiérent la Voix d'un Souverain, & une Puissance absoluë.

D'ailleurs si une fois les Grands se persuadent, qu'une mauvaise honte empêche un Roy de faire l'Office de Roy, en commandant absolument, ils prétendront toûjours obtenir par importunité le contraire de ce qui aura été ordonné par Raison, & enfin leur Audace pourroit venir à tel point, que connoissant que leur Prince apprehenderoit de faire le Maître; Ils se lasseroient de faire les Sujets.

Il faut avoir une Vertu Mâle, & faire toutes choses par Raison, sans se laisser aller à la pente de ses Inclinations, qui portent souvent les Princes en de grands Précipices; si celles qui leur bandent les Yeux les portent aveuglement à faire ce qu'il leur plaît, sont capables de produire du Mal lors qu'ils les suivent avec trop peu de retenuë; les Aversions Naturelles qu'ils prennent quelques fois sans sujet en peuvent causer davantage, si la Raison ne les tempére, ainsi qu'il est à désirer.

En quelques occasions V. M. a eu bésoin de sa Prudence pour se retenir dans le panchant de ces deux Passions; mais plus encore en la derniére qu'en la premiére; puis qu'il est plus aisé de faire du Mal, suivant son aversion, ce qui ne requiert autre chose en un Roi qu'un Commandement; que de faire du Bien suivant son Inclination, ce qui ne se peut sans se dépoüiller du sien propre, à quoi beaucoup de Personnes n'ont pas peu de peine à se resoudre.

Ces deux Mouvemens sont contraires aux Esprits des Rois, principalement si faisant peu de reflexion sur eux; ils suivent plus souvent leur Instinct, que leur Raisonnement.

Ils les portent quelques fois à prendre parti aux divisions qui se rencontrent d'ordinaire dans les Cours entre des Particuliers, dont j'ai vû arriver de grans Inconveniens, leur Dignité les oblige à se reserver pour celui de la Raison, qui est le seul qu'ils doivent épouser en toutes sortes de rencontres; ils ne peuvent en user autrement sans se dépoüiller de

la

la Qualité de Juges & de Souverains, pour prendre celles de Parties, & se rabaisser en quelque maniére à la Condition de Particuliers.

Ils exposent par ce moyen leur Etat à beaucoup de Caballes & de Factions, qui se forment ensuite; ceux qui ont à se défendre de la Puissance d'un Roi connoissent trop bien qu'ils ne le peuvent faire par la Force, pour avoir d'autres pensées que de s'en garentir, par Intrigués, par Artifices, & par ménées, qui causent souvent de grands troubles dans les Etats.

La Sincérité que doit avoir un Homme, qui fait un Testament, ne permet pas à ma Plûme de finir cette Section sans faire une Confession aussi veritable, qu'elle est avantageuse pour la Gloire de V. M. puis qu'elle fera Foi à tout le Monde, que la Loi de DIEU a toûjours été une Borne capable d'arrêter la violence de quelque Inclination ou Aversion, qui puisse avoir surpris son Esprit, qui sujet aux plus legers Défauts des Hommes, a toûjours, Graces à Dieu, été exemt des plus notables Imperfections des Princes.

CHAPITRE VII.

Qui fait voir l'Etat présent de la Maison du Roy, & met en avant ce qui semble nécessaire, pour la mettre en celui auquel elle doit être.

L'ORDRE des Arts & de toute la bonne Discipline, veut qu'on commence toûjours son Travail par ce qui s'y trouve de plus aisé.

Sur ce Fondement la premiére chose que fait un Architecte, qui veut entreprendre un grand Edifice, est d'en faire un Modelle, où les Proportions soient si bien observées, qu'il lui serve de Mesure & de Pied pour son grand Dessein; & s'il ne peut venir à bout de ce Projet, il se depart de son Entreprise; le Sens Commun faisant connoître aux plus grossiers, que celui à qui le Moins n'a pas été possible, est entierement incapable du Plus.

En cette considération les Esprits mêmes Mediocres reconnoissans, qu'ainsi que la Structure de l'Homme est un Racourci de celle du Grand Monde, aussi les Familles Particuliéres, sont les vrais Modéles des Etats & des Republipubliques, & châcun tenant pour chose trés-certaine, que celui qui ne peut ou ne veut pas régler sa Maison, n'est pas capable d'aporter un grand Ordre à un Etat; la Raison vouloit, que pour parvenir à la Reformation de ce Royaume, on commençat par celle de la Maison de V. M.

Cependant je confesse que je n'ai jamais ôsé l'entreprendre, parce que la Bonté de V. M. ayant toûjours eu aversion des Ordres qu'Elle estimoit de petite consequence, lors qu'ils ont intéressé quelques Particuliers, on ne pouvoit se proposer un tel Dessein, sans choquer ouvertement son Inclination, & l'Intérêt de beaucoup de Gens, qui étant continuellement auprés d'Elle dans une grande Familiarité, eussent pû la détourner des Ordres les plus nécessaires à son Etat, pour empêcher ceux de sa Maison, dont le Déréglement leur étoit Utile.

Mais comme un Testament met au jour beaucoup d'Intentions, que le Testateur n'avoit ôsé divulgüer pendant sa Vie, celui-cy conviera V. M. à la Réformation de sa Maison, qui a été obmise, tant pour ce que bien qu'elle semblât plus aisée que celle de l'Etat, elle

elle étoit en Effet plus difficile; que parce qu'aussi la Prudence oblige à souffrir en certaines occasions des légéres Pertes, pour gagner en beaucoup d'autres.

Comme c'est une chose connuë de tout le Monde, qu'il n'y á jamais eu de Roi, qui ait porté plus haut la Dignité de son Etat que V. M. aussi ne peut-on nier, qu'il n'y en a jamais eu, qui ait laissé ravaller si bas le Lustre de sa Maison.

Les Etrangers qui sont venus en France de mon Tems, se sont souvent étonnez de voir un Etat si rélevé, & une Maison si abaissée.

En effet elle est insensiblement décheuë jusques à ce point, que tel y a possedé des premiéres Charges, qui pendant le Régne de vos Prédécesseurs n'eût ôsé penser aux Médiocres; toutes choses y ont été en confusion depuis la Cuisine jusqu'au Cabinet.

Au lieu que du Tems du Roi vôtre Pére, les Princes, les Officiers de la Couronne, & tous les Grands du Royaume mangeoient d'ordinaire à vos Tables, elles ont en vôtre Tems semblé n'avoir été établies que pour des Valets, & des simples Chevaux

Lé-

Légers ou Gens d'armes ; encore ontelles été ſi mal ſervies, qu'il s'en eſt trouvé d'aſſez Délicats pour les mépriſer, au lieu de les chercher avidement.

En celles de vôtre Perſonne, les Etrangers ont ſouvent trouvé à redire, étant ſervies par de ſimples & ſales Marmitons, au lieu que celles des autres Rois ne le ſont que par des Gentilshommes.

Je ſçais bien que cette Coûtume n'eſt pas introduite de vôtre Tems, mais pour être Ancienne elle n'en eſt pas plus Tolérable, ſi elle eſt tout à-fait éloignée de la Dignité, & de la Grandeur d'un ſi Grand Prince.

Je ſçais bien encore que cette Pratique a été ſoufferte juſqu'à preſent, ſous prétexte de la ſeureté des Rois, diſant qu'il eſt impoſſible aux Officiers de repondre de ce qu'ils ont fait, s'ils n'en ſont eux-mêmes Porteurs, & s'ils ne les voyent porter à V. M.

Mais cette Raiſon me ſemble peu conſidérable, n'y ayant pas d'apparence qu'un Marmiton ſoit plus Fidéle à ſon Maître, qu'un Gentilhomme, qui en diverſes autres occaſions le pourroit trahir, s'il en avoit la Volonté.

Qua-

Quatre - vint Jeunes Gentilshommes, que V. M. nourrit, Pages ou de sa Chambre ou de ses Ecuries, seront bien mieux employez à ce Service qu'à en rendre simplement à ses Premiers Gentilshommes, ou à ses Ecuyers qui les commandent, si mieux ils n'aiment les mettre dans leur Bourse, & sans doute le faisant avec plus de Dignité, ils ne s'en acquitteront pas avec moins de Fidélité.

La Netteté, bien seante en tous Lieux, est à plus forte Raison requise en la Maison des Rois: L'Opulence des Meubles y est d'autant plus nécessaire, que les Etrangers ne conçoivent la Grandeur des Princes, que par ce qui en paroît à l'extérieur; & cependant bien que V. M. en ait Nombre, & de Beaux, & de Riches, qui se perdent aux Lieux où ils doivent être conservez; souvent on en a vû dans sa Chambre de tels, que ceux qui en doivent profiter quand Elle les quitte, n'ont pas voulu s'en servir aprés Elle.

L'Entrée de vôtre Cabineit a été permise à tout le Monde, non seulement au préjudice de vôtre Dignité, mais qui plus est au mépris de la Seureté de vôtre Personne.

Les Ambassadeurs se sont souvent trou-

trouvez plus pressez de Valets-de-Pied, de Pages & autres menus Officiers, que de Grands de vôtre Etat en leur Audience ; & cependant vôtre Dignité, & l'Ancienne Coûtume du Royaume, veulent qu'en telles occasions V. M. soit accompagnée des Princes, des Ducs & Pairs, des Officiers de sa Couronne, & autres Grands de son Etat.

Je sçais que divers Royaumes ont diverses Coûtumes ; qu'en Espagne les plus Grands voyent leur Roi plus souvent qu'en Angleterre ; l'Ordre y est si bien établi sur ce Sujet, que toutes les Portes étant ouvertes, on ne voit dans les Chambres & dans les Cabinets, que ceux à qui l'entré en est libre par leurs Dignitez & par leurs Charges.

Je sçai de plus, que c'est un Privilége de ceux qui portent vôtre Couronne, d'être pressez de leurs Sujets ; mais il doit y avoir cette distinction, que pour l'ordinaire ce doit être de vôtre Noblesse, & en l'occasion de recevoir des Etrangers, des Personnes Qualifiées, qui sont en assez grand Nombre en vôtre Etat, pour en faire remarquer la Grandeur, & la singularité par cette Prérogative.

En

En un mot le Desordre est si Universel en toute la Maison de V. M. qu'il n'y a point de Charge particuliére, qui en soit exemte.

Bien que tous les Grands Princes soient soigneux d'avoir un Equipage de Grands Chevaux, convenables à leur Grandeur, V. M. n'en a jamais eû un dans sa grande Ecurie dont Elle eût pû se servir dans une occasion, encore qu'Elle y fasse plus de Dépense, que ne firent jamais ses Prédécesseurs.

Il me seroit aisé de spécifier beaucoup d'autres Défauts, non moins rémarquables que celui-cy; mais je n'entrerai point dans le Détail d'un Déréglement si général, tant parce qu'il seroit trop difficile de le faire, sans descendre trop bas pour la Dignité de cet Ouvrage, que parce qu'il suffit de connoître un Mal, sans le publier, pour en prescrire les Remédes: Je satisferai à ce que je dois, si je propose à V. M. le vrai Moyen d'apporter autant de Lustre dans sa Maison, qu'il y a maintenant de Bassesse & de Desordres.

La premiére Chose qui est nécessaire à cette Fin, est que V. M. veüille fortement cette Réformation; étant certain qu'aux Affaires de cette Nature, il est de la Volonté des Rois comme

de

de celle de DIEU au regard des choses les plus difficiles, ausquels le Vouloir & le Faire est une même chose.

La seconde est qu'il lui plaise à l'avenir ne remplir plus les premiéres Charges de sa Maison, que de Personnes de Naissance, qui ayent toutes les qualitez requises pour s'acquiter dignement de leur Emploi.

Pour grand que soit un Officier il s'appliquera aux moindres dépendances de sa Charge, s'il en est capable, parce qu'il les jugera de conséquence, comme elles le sont en effet.

Si les Maîtres d'Hôtel par exemple, n'ont un soin particulier de faire nettoyer soir & matin les lieux où l'on mange aussi-tôt que les Tables sont levées, ils manqueront à une des choses les plus nécessaires de leur Charge.

Il en faut dire autant de tous les Officiers Principaux, & particuliérement des premiers Gentilshommes de vôtre Chambre; qui doivent être soigneux de faire tenir tout l'Appartement de V. M. si propre & si net, que ce ne sera pas trop de le faire nettoyer & parfumer trois ou quatre fois le jour, à cause du grand abord des Gens qu'on n'y sçauroit éviter, lors même qu'il sera le plus réglé.

Pour-

Pourvû qu'un chacun ſoit propre en ſa Charge, tout ira comme V. M. le peut ſouhaiter, & de ce ſeul Point dépend le Réglement de tout le reſte ; car quelque Régle qu'on puiſſe établir ; elle ſera ſans doute inutile, s'il n'y a des gens capables de la faire obſerver, & s'ils le ſont, ils auront aſſez d'Eſprit pour faire faire ce que la Raiſon leur fera voir être de la Dignité de leur Charge & du Service de leur Maître.

La troiſiéme conſiſte en ce que V. M. ſe faſſe Servir en toutes les Charges de ſa Maiſon hors aux plus baſſes par des Gentils-hommes, ce qui contribuant beaucoup à ſa Dignité, rendra ſa Nobleſſe d'autant plus affectionnée, qu'elle aura plus de moyen de s'avancer auprés de ſa Perſonne.

Par ce moyen V. M. peut faire des quatre Compagnies de ſes Gendarmes du Corps, les quatre meilleures Compagnies de Gendarmes de ſon Royaume, étant certain qu'il y a force Gentilshommes, qui ſeront ravis d'avoir moyen de vivre en cette Qualité, pourvû qu'on leur donne gratuitement ce qu'on vend maintenant à l'Encan, puiſque celui qui en donne le plus eſt préféré aux autres.

En ce cas tel ſera bien aiſe d'avoir cet

cet Emploi, qui pour rien du monde ne le voudroit prendre maintenant, qu'il est usurpé par des Personnes qui ne le méritent pas.

Et tous le prendront volontiers pour l'accez qu'il leur donnera dans la Cour, où un hazard & quelque habitude peuvent produire leur Fortune en un instant.

Il vous reviendra encore un autre Bien de cet Etablissement, en ce que moins il y aura de Roturiers exempts de Taille par les Charges de Vôtre Maison, plus se trouvera-t-il de Gens qui aideront au Peuple à porter le Fardeau dont il est maintenant accablé.

La quatriéme est que V. M. donne à l'avenir gratuitement les Charges de sa Maison, sans permettre qu'elles soient venduës par quelque Considération que ce puisse étre.

On dira peut-être qu'il n'est pas raisonnable que ceux qui ont achetté bien cher les grandes Charges, soient privez de la permission de les vendre; mais étant impossible de faire des Etablissemens fort utiles au Public, qui n'ayent quelque chose d'incommode pour les Particuliers, cet Inconvénient n'est pas considérable, joint que n'ayant pas acheté leurs Charges avec asseurance de les revendre

revendre, comme on fait les Offices qui paulettent, on peut les priver de l'espérance qu'ils s'étoient promise d'eux-mêmes, sans leur faire tort.

Et bien que quelque Particulier se puisse trouver blessé d'un tel changement, toute la Noblesse & les plus Grands y trouveront un notable Avantage, en ce qu'au lieu qu'ils étoient obligez par le passé à vendre une partie considérable de leur Bien pour avoir des Charges, ce qui a souvent ruiné beaucoup des meilleures Familles du Royaume, ils ne pourront plus les espérer que par leur Mérite. Ce qui les empêchera de perdre leur Bien, & les obligera d'aquérir de la Vertu, qui dans le Siécle présent est d'autant plus méprisée, que le prix de toutes choses ne consiste qu'en argent.

Au reste, il se trouvera tant de moyens pour desinteresser ceux qui par des Considérations particuliéres seront dignes d'être exemptez de la Régle générale, que le Public pourra recevoir l'Avantage que V. M. voudra lui procurer, sans que les Particuliers qui se pourroient plaindre justement, en reçoivent aucun préjudice.

Comme il est impossible de douter de l'Utilité de ces Propositions, la facilité

cilité à les exécuter est manifeste, puis qu'ainsi que je l'ai dit ci dessus, il ne faut que la Volonté ferme & constante de V. M. pour en tirer le fruit, & rétablir sa Maison en son premier lustre.

CHAPITRE VIII.

DU CONSEIL DU PRINCE.

SECTION. I.

Qui montre que les meilleurs Princes ont besoin d'un bon Conseil.

CE n'est pas une petite Question entre les Politiques, de sçavoir, si un Prince qui se gouverne en son Etat par sa Tête est plus à désirer, que celui qui ne se fiant pas tant en ses Lumiéres, défére beaucoup à son Conseil, & ne fait rien sans son Avis.

On feroit des Volumes entiers des Raisons qui se peuvent mettre en avant de part & d'autre, mais reservant cette Question au Fait particulier qui m'om'oblige à le raporter en ce lieu, aprés avoir préferé le Prince qui agit plus par son Conseil que par le Sien propre, à celui qui prête sa Tête à toutes celles des Conseillers; Je ne puis que je ne dic, qu'ainsi que le plus mauvais Gouvernement est celui, qui n'a autre Ressort que la Téte d'un Prince, qui étant incapable, est si présomptueux qu'il ne fait état d'aucun Conseil. Le meilleur de tous est celui dont le principal mouvement est en l'Esprit du Souverain, qui bien que capable d'agir par Soi-même, a tant de Modestie & de Jugement, qu'il ne fait rien sans bon Avis, fondé sur ce principe qu'un œil ne voit pas si clair que plusieurs.

Outre que la Raison fait connoître la solidité de cette Décision; La vérité m'oblige à dire que l'Expérience m'en a donné une telle connoissance, que je ne sçaurois m'en taire, sans faire force à moi-méme.

Un Prince capable est un grand Trésor en un Etat; Un Conseil habile & tel qu'il doit étre n'en est pas un moindre; mais le Concert de tous les deux ensemble est inestimable, puis que c'est de là que dépend la félicité des Etats.

Il est certain que les Etats les plus heureux sont ceux, où les Princes

&

& les Conseillers sont les plus Sages.

Il est certain encore qu'il se trouve peu de Princes qui puissent seuls gouverner leurs Etats, & de plus quand il y en auroit beaucoup, ils ne devroient pas en user ainsi.

La Toute-Puissance de Dieu, son infinie Sagesse, & sa Providence n'empêchnt pas qu'il ne se serve, en ce qu'il pourroit faire par son seul Vouloir, du Ministére des Causes Secondes, & par conséquent les Rois dont les Perfections ont des bornes, au lieu d'être infinies, commettroient une faute notable, s'ils ne suivoient son Exemple.

Mais d'autant qu'il n'est pas en leur Puissance, comme en celle de Dieu, de suppléer aux défauts de ceux dont ils se servent ; ils doivent être extrémement soigueux de les choisir les plus parfaits & les plus accomplis qu'ils pourront.

Beaucoup de Qualitez sont requises pour faire un bon Conseiller parfait; On les peut néanmoins réduire à quatre, sçavoir à la Capacité & à la Fidelité, au Courage, & à l'Application, qui en comprennent plusieurs autres.

SECTION II.

Qui Représente quelle doit être la Capacité des Conseillers.

LA Capacité des Conseillers ne requiert pas une suffisance pedantesque ; il n'y a rien de plus dangereux pour l'Etat, que ceux qui veulent gouverner les Royaumes par les Maximes qu'ils tirent de leurs Livres. Ils les ruïnent souvent tout-à-fait par ce moyen, parce que le Passé ne se rapporte pas au Présent, & que la Constitution des Tems, des Lieux, & des Personnes, est différente.

Elle requiert seulement Bonté & Fermeté d'Esprit, Solidité de Jugement, vraye Source de la Prudence, Teinture raisonnable des Lettres, Connoissance générale de l'Histoire & de la Constitution présente de tous les Etats du Monde, & particuliérement de celui auquel on est.

Deux choses sont principalement à considérer à ce Propos.

La Premiére, que les plus grands Esprits sont plus Dangereux qu'Utile au Maniement des Affaires, s'ils n'ont beaucoup plus de Plomb que de Vif-

Argent ils ne valent rien pour l'Etat.

Il y en a qui sont Fertiles en Inventions, & Abondans en Pensées, mais si Variables en leurs Desseins, que ceux du Soir & du Matin sont toûjours différens, & qui ont si peu de Suite & de Choix en leurs Résolutions, qu'ils changent les Bonnes aussi bien que les Mauvaises, & ne demeurent jamais Constans en aucune.

Je puis dire avec Verité, comme le sachant par Expérience, que la Légéreté de telles Gens n'est pas moins dangéreuse en l'Administration des Affaires Publiques, que la Malice de beaucoup d'autres.

Il y a beaucoup à craindre des Esprits, dont la Vivacité est accompagnée de peu de Jugement, & quand ceux qui excellent en la Partie Judiciaire n'auroient pas une grande étenduë, ils ne laisseroient pas de pouvoir être Utiles aux Etats.

La seconde Remarque qui se doit faire en ce Sujet est, qu'il n'y a rien de plus Dangereux en un Etat, que de mettre en grande Autorité certains Esprits qui n'ont pas assés de Lumiéres pour se conduire eux-mêmes, & pensent toutes-fois en avoir trop, pour avoir bésoin de celles d'autruy.

Ils ne peuvent prendre un bon Conseil de leur Tête, ni suivre les Avis de ceux qui sont Capables de leur en donner, & aussi ils font de trés-grandes Fautes.

La Présomption est un des grands Vices qu'un Homme puisse avoir dans les Charges Publiques, & si l'Humilité n'est requise dans ceux qui sont destinez à la Conduite des Etats, la Modestie leur est tout-à-fait nécessaire, étant certain que plus un Esprit est grand, moins se trouve-t-il quelques-fois capable de Société & de Conseil, Qualitez sans lesquelles ceux mêmes à qui la Nature a donné plus de Lumiéres, sont peu Propres aux Gouvernemens.

Sans la Modestie les grands Esprits sont si Amateurs de leurs Opinions, qu'ils condamnent toutes les autres, bien qu'elles soient meilleures, & l'Orgueil de leur Constitution Naturelle, joint à leur Autorité, les rend tout à fait insuportables.

Le plus Habile Homme du Monde doit souvent écouter les Avis de ceux qu'il pense même étre moins Habiles que lui.

Comme il est de la Prudence du Ministre

nistre d'Etat de parler peu, il en est aussi d'écouter beaucoup : On tire Profit de toutes sortes d'Avis ; les Bons sont Utiles par eux-mêmes, & les Mauvais confirment les Bons.

En un mot la Capacité d'un Ministre d'Etat, requiert la Modestie ; & si avec cette Qualité, il a Bonté d'Esprit & Solidité de Jugement, il aura tout ce qui lui est nécessaire.

SECTION III.

Qui représente quelle doit être la Probité des Conseillers.

AUTRE Chose est être Homme de Bien selon DIEU, & autre selon les Hommes.

Celui qui a un Soin tout particulier d'observer la Loy de son Créateur, est aux premiers Termes ; mais pour être aux seconds il faut garder celle qui est prescrite par l'Honneur des Hommes.

Ces differentes Probitez sont à désirer aux Conseillers d'Etat ; mais il est incertain encore, que celui qui a toutes les Qualitez requises à celles du Monde, ait aussi ordinairement celles qui le rendent Homme de Bien devant DIEU. Tel pourroit avoir un Soin particulier de régler sa Conſcience ſelon la Volonté de ſon Créateur, qui pour être privé de quelques-unes des Conditions de cette Probité, ſera moins Propre au Miniſtére Public, que celui qui les ayant toutes, ſera ſujet à quelques Défauts particuliers, au ſujet de la premiére.

Cependant comme le Déréglement de la Conſçience, eſt la vraye Source de toutes les Imperfections de l'Homme; Je dis hardiment que les deux Probitez, dont je parle, ſont également requiſes à la perfection d'un Conſeiller d'Etat, & qu'il ne peut avoir la ſeconde, s'il eſt deſtitué de la premiére.

En un mot, l'Homme d'Etat doit être Fidéle à DIEU, à l'Etat, aux Hommes & à Soy même; ce qu'il ſera, ſi outre les Qualitez exprimées cy-deſſus, il eſt affectionné au Public, & Deſintéreſſé en ſes Conſeils.

La Probité d'un Miniſtre Public, ne ſuppoſe pas une Conſcience craintive & ſcrupuleuſe; au contraire il n'y a rien de plus dangereux au Gouvernement de l'Etat; vû qu'ainſi que du manquement de Conſcience il peut arriver beaucoup d'Injuſtices & de Cruautez; le ſcrupule peut produire beaucoup d'émotions, & d'Indulgences, Préjudiciables au Public; & qu'il eſt trés-certain

tain que ceux qui tremblent aux Choses les plus assurées, par la Crainte de se perdre, perdent souvent les Etats, lors qu'ils pourroient se sauver avec eux.

Comme la Probité du Conseiller d'Etat, ne peut compatir avec certaine Rigueur, qui est Compagne de l'Injustice, elle n'est pas contraire à la Sévérité, dont il faut user par nécessité en beaucoup d'endroits, au contraire elle la conseille & la prescrit quelquefois, & oblige souvent d'être impitoyable.

Elle n'empêche pas qu'un homme ne puisse faire ses Affaires en faisant celles de l'Etat; mais elle lui défend seulement d'y penser au Préjudice des Intérêts Publics qui lui doivent être plus chers que sa propre vie.

Cette Probité ne souffre pas en ceux qui sont employez aux Affaires Publiques, une certaine Bonté, qui les empêche de refuser hardiment ceux qui ont des Prétentions injustes; au contraire elle veut qu'en accordant ce qui est Raisonnable, on dénie avec fermeté ce qui ne l'est pas.

Je ne puis passer en ce rencontre, sans dire ce que Ferdinand Grand Duc de Florence, qui a vécu de nôtre Tems, disoit à ce Propos, qu'il aimoit mieux

mieux un Homme corrompu, que celui dont la Facilité étoit extrême; parce, ajoûtoit-il, que le Sujet corrompu, ne se peut pas toûjours laisser gagner par ses Intérêts, qui ne se rencontrent pas toûjours; au lieu que le Facile est emporté de tous ceux qui le pressent, ce qui arrive d'autant plus souvent, qu'on connoît qu'il n'est pas capable de résister à ceux qui l'entreprennent.

Cette Probité requiert que tous ceux qui sont employez au Gouvernement de l'Etat, marchent de même Pied, & que comme ils agissent à même Fin, ils tiennent semblable Langage; autrement s'il s'en trouve quelqu'un qui agissant bien en effet, parle plus foiblement que les autres pour décliner l'Envie, outre qu'il n'aura pas la Probité requise au Ministre d'Etat, il chargera de haine ceux dont la Franchise des Paroles est correspondante à la Fermeté de leurs Actions.

Il se trouve des Gens, dont la Vertu consiste plus à plaindre les Désordres, qu'à y remédier par l'Etablissement d'une bonne Discipline.

Ce ne sont pas ceux que nous cherchons leur Vertu n'est qu'en l'apparence, & n'ayant point d'Action qui puisse servir, elle différe bien peu du Vice, qui

qui n'en a point qui ne puisse nuire.

La Probité d'un Conseiller d'Etat, doit être Active ; elle méprise les Plaintes, & s'attache aux Effets solides, dont le Public peut retirer du Fruit.

Il s'en trouve d'autres, qui n'ayant rien que le Bien de l'Etat dans la Bouche, ont une Ambition si déréglée dans le Cœur, qu'aucune Fin n'arrête leurs Désirs, & que rien ne les satisfait ni les contente.

D'autres passant outre, non contens de ne l'être jamais, convertissent sous de beaux Prétextes les Intérêts Publics aux leurs propres, & au lieu de conduire les Particuliers par les Publics, font avec autant d'Injustice que de Hardiesse tout le contraire.

Telles Gens sont non seulement destituez de la Probité nécessaire à l'Employ des Affaires Publiques, mais même sont de vrayes Pestes dans l'Etat ; Ce sont les Sangliers de l'Ecriture dans la Vigne pleine de vendange, dont ils ne se saoulent pas seulement, mais gâtent & ravagent tout le reste.

Ceux qui sont Vindicatifs de leur nature, qui suivent plûtôt leurs Passions que la Raison, & qui au lieu de faire choix des Hommes par la seule considération de leur Capacité, aux Choses à

 quoi

quoi on les veut employer, les choisissent seulement parce qu'ils les reconnoissent affectionnez à leurs Personnes, & attachez à leurs Intérêts, ne peuvent encore être estimez avoir la Probité requise au Maniement des Etats.

Si un Homme est sujet à ses Vengeances, le mettre en Autorité, est mettre l'Epée à la Main d'un Furieux; s'il suit en ses Elections ses Appetits & non la Raison, c'est exposer l'Etat à être plûtôt servi de Gens de Faveur que de Mérite; dont il arrivera beaucoup d'Inconvéniens.

L'Homme de Bien ne doit jamais vanger ses Injures, que quand il tire Raison de celles de l'Etat; encore ne faut-il pas qu'il se porte à la Vengeance Publique, par le Sentiment de ses Intérêts Particuliers, & s'il le fait, comme ceux qui ont une Probité scrupuleuse font souvent mal par un bon Principe, on peut dire avec verité, qu'il fait bien, par un mauvais.

Si la Probité du Conseiller d'Etat requiert qu'il soit à l'épreuve de toutes sortes d'Intérêts & de Passions, elle veut qu'il le soit aussi des Calomnies, & que toutes les Traverses qu'on lui sçauroit donner, ne le puissent décourager de bien faire.

Il

Il doit sçavoir que le Travail qu'on fait pour le Public, n'est souvent reconnu d'aucun Particulier, & qu'il n'en faut espérer d'autres Récompences en Terre, que celles de la Rénommée, propre à payer les grandes Ames.

Il doit aussi sçavoir, que les Grands Hommes qu'on met au Gouvernement des Etats, sont comme ceux qu'on condamne au Supplice, avec cette différence seulement, que ceux-ci reçoivent la peine de leurs Fautes, & les autres de leur Mérite.

De plus il doit sçavoir qu'il n'appartient qu'aux grandes Ames de servir fidélement les Rois, & supporter la Calomnie que les Méchans & les Ignorans imputent aux Gens de bien, sans dégoût, & sans se relâcher du Service qu'on est obligé de leur rendre.

Il doit sçavoir encore, que la Condition de ceux qui sont appellez au Maniement des Affaires Publiques, est beaucoup à plaindre, en ce que s'ils font bien, la Malice du Monde en diminuë souvent la Gloire, représentant qu'on pouvoit faire mieux, quand même cela seroit tout à fait impossible.

Enfin il doit sçavoir que ceux qui sont dans le Ministére de l'Etat, sont obligez d'imiter les Astres, qui nonobstant les abois des Chiens, ne laissent pas de les éclairer, & de suivre leurs Cours; ce qui doit l'obliger à faire un tel mépris de pareilles Injures, que sa Probité n'en puisse être ébranlée, ni lui détourné de marcher avec fermeté aux Fins qu'il s'est proposé pour le Bien de l'Etat.

SECTION IV.

Qui représente quel doit être le Cœur & la Force d'un Conseiller d'Etat.

LE Courage dont il s'agit maintenant, ne requiert pas qu'un Homme soit hardi, jusques à mépriser toutes sortes de perils, il n'y a rien de plus capable de perdre les Etats, & tant s'en faut que le Conseiller d'Etat doive se conduire ainsi, qu'au contraire il doit aller presque en toutes occasions à pas-de-plomb, & ne rien entreprendre qu'avec grande Considération à temps & à propos.

Tant s'en faut encore, que le courage requis au parfait Conseiller d'Etat, l'oblige à ne penser qu'aux grandes choses, ce qui arrive souvent aux Ames les plus élevées, lors qu'elles ont plus de cœur que de Jugement, qu'au contraire il est tout-à-fait nécessaire qu'il s'abbaisse aux

aux médiocres ; bien que d'abord elles lui semblent au dessous de sa portée, parce que souvent les grands Désordres naissent de petits commencemens, & que les Etablissemens les plus considerables, ont quelques-fois des Principes, qui paroissent de nulle considération.

Mais le Courage, dont il est question, requiert qu'un Homme soit exemt de foiblesse & de crainte, qui rendent celui qui est prévenu de ces deux Défauts, non seulement incapable de prendre des bonnes Résolutions au Bien du Public, mais en outre d'exécuter celles qu'il a prises.

Il requiert un certain Feu, qui fait désirer & poursuivre les Choses hautes avec autant d'Ardeur, que le Jugement les embrasse avec Sagesse.

Il requiert de plus une certaine Fermeté, qui fait soûtenir fortement les Adversitez, & fait que l'Homme ne paroît, & n'est pas changé aux plus grands changemens de la Fortune.

Il doit donner au Ministre d'Etat, un honnête Aiguillon de Gloire, sans lequel les plus Capables, & les plus Gens de bien demeurent souvent sans se signaler par aucune Action avantageuse au Public.

Il lui doit donner la Force de résister, sans étonnement, aux Envies, aux Haines, aux Calomnies, & à toutes les Traverses qui se rencontrent d'ordinaire en l'Administration des Affaires Publiques.

Enfin il doit justifier en sa Personne le dire d'Aristote, qui asseure qu'au lieu que ce qui est Foible se sert de Finesse & de Ruse, ce qui est Fort méprise l'un & l'autre justement, par la Juste Confiance qu'il a en Soy-même.

Il faut remarquer à ce propos, qu'être Vaillant, & être Courageux, n'est pas la même chose.

La Vaillance suppose une Disposition à s'exposer volontiers en toutes occasions aux Périls qui se presentent, ce que le Courage ne requiert pas, mais seulement assez de Résolution, pour mépriser un Péril, lors qu'on s'y trouve, & pour supporter constamment une Adversité, lors qu'elle arrive.

On peut même passer plus avant & dire, qu'outre la Disposition specifiée cy-dessus, la Vaillance en requiert un autre Corporelle, qui rend l'Homme propre à témoigner sa Valeur par son Bras.

Je sçais bien, que ceux qui par le passé ont parlé des principales Vertus de l'Homl'Homme, n'ont pas connu ces distinctions, mais si on les considére meurement, on trouvera la premiére absolument nécessaire, & la seconde non superfluë; en ce que la plus grande Partie du Monde, ne conçoit un Homme Vaillant, qu'en ce qu'il fait plusieurs Coups de sa Main, qui témoignent ce qu'il vaut.

En quelque façon qu'on prenne la Vaillance, elle n'est pas nécessaire à un Conseiller d'Etat; il n'est pas besoin qu'il ait Disposition à s'exposer à tous Périls, ni même Aptitude Corporelle à faire paroître ce qu'il vaut, par la vertu de son Bras; il suffit qu'il ait le Cœur assis en si bon Lieu, qu'une mauvaise Crainte, & les Traverses qu'il peut rencontrer, ne le puissent détourner de ses Bons & Généreux Desseins; & comme c'est l'Esprit qui gouverne, & non la Main, c'est assez que son Cœur soûtienne sa Tête, bien qu'il ne puisse faire agir son Bras.

SECTION V.

Qui représénte qu'elle doit être l'Application des Conseillers d'Etat.

L'APLICATION ne requiert pas qu'un Homme travaille incessamment aux Affaires Publiques ; au contraire rien n'est plus capable de le rendre inutile qu'un tel Procédé ; La nature des Affaires d'Etat, requiert d'autant plus de relâche, que le Poids en est plus grand, & plus chargeant que tout autre, & que les Forces de l'Esprit & du Corps des Hommes étant bornées, un Travail continuel les auroit épuisées en peu de tems.

Elle permet toutes sortes de Divertissemens honnêtes, qui ne divertissent pas ceux qui les prennent, des choses à quoi ils doivent être principalement attachez.

Mais elle requiert, que celui qui est attaché aux Affaires Publiques, en fasse son Principal, & y soit attaché d'Esprit, de Pensée, & d'Affection ; elle requiert que le plus grand de ses Plaisirs soit le bon Succez de ses Affaires.

Elle requiert qu'il fasse souvent le tour du

du Monde, pour prévoir ce qui peut arriver, & trouver le moyen de prévenir les Maux qu'on doit craindre, & d'exécuter les Entreprises que conseille la Raison des Intérêts Publics.

Comme elle oblige à ne perdre pas un moment en certaines Affaires, qui se peuvent perdre par le moindre délai, elle veut aussi qu'on ne se précipite pas en d'autres, où le temps est nécessaire pour prendre des Résolutions dont on n'ait point de sujet de se repentir.

Un des plus grands Maux de ce Royaume consiste en ce qu'un chacun s'attache plus aux choses à quoi il ne peut s'occuper sans faute, qu'à ce qu'il ne peut obmettre sans crime.

Un Soldat parle de ce que son Capitaine devroit faire; le Capitaine des Défauts qu'il s'imagine qu'à son Mestre de Camp, un Mestre de Camp trouve à redire en son Général; le Général improuve & blâme la Conduite de la Cour, & nul d'entr'eux n'est dans sa Charge, & ne pense à s'acquiter des choses à quoi elle l'oblige particuliérement.

Il y a des Personnes de si peu d'action & de constitution si foible qu'il ne se portent jamais d'eux-mêmes à aucune chose; mais reçoivent seulement les occasions, qui font plus en eux qu'eux en elles. Tel-

Telles Gens sont plus propres à vivre dans un Cloître, qu'à être employez au Maniement des Etats, qui requiérent Application & Activité tout ensemble; aussi quand ils y sont ils font autant de Mal par leur Conduite languissante, qu'un autre y peut faire de Bien par une active Application.

Il ne faut pas attendre de grands Effets de tels Esprits; On ne leur doit pas sçavoir gré du bien qu'ils font, ni leur vouloir grand mal de celui qu'on reçoit, d'autant qu'à proprement parler, le hazard agit plus en eux qu'eux-mêmes.

Il n'y a rien de plus contraire à l'Application nécessaire aux Affaires Publiques que l'attachement que ceux qui en ont l'Administration, peuvent avoir pour les Femmes.

Je sçai bien qu'il y a certains Esprits tellement Supérieurs & Maîtres d'eux-mêmes, que bien qu'ils soient divertis de ce qu'ils doivent à Dieu par quelque affection déréglée, ils ne se divertissent pas pour cela de ce qu'ils doivent à l'Etat. Il s'en trouve qui ne rendant pas Maîtresses de leurs Volontez celles qui le sont de leurs plaisirs, ne s'attachent qu'aux choses à quoi leur Fonction les oblige.

Mais

Mais il y en a peu de cette nature, & il faut avoüer que comme une Femme a perdu le Monde, rien n'est plus capable de nuire aux Etats que ce Séxe, lors que prenant pied sur ceux qui les gouvernent, il les fait souvent mouvoir comme bon lui semble, & mal par conséquent. Les meilleures pensées des Femmes étant presque toûjours mauvaises, en celles qui se conduisent par leurs Passions, qui tiennent d'ordinaire lieu de Raison dans leur Esprit, au lieu que la Raison est le seul, & le vrai motif qui doit animer & faire agir ceux qui sont dans l'Emploi des Affaires Publiques.

Quelque force qu'ait un Conseiller d'Etat, il est impossible qu'il puisse bien s'appliquer à sa Charge, s'il n'est entiérement libre de tous semblables attachemens. Il peut bien avec eux ne manquer pas à son devoir, mais s'il en est exempt, il fera beaucoup mieux.

En quelque Etat qu'il soit pour bien faire il doit distribuer son tems en sorte qu'il ait des heures pour travailler seul aux Expéditions ausquelles sa Charge l'oblige, & d'autres pour donner Audiance à tout le Monde, la Raison veut qu'il traite chacun avec Courtoisie & avec autant de Civilité que sa Condition & la diverse Qualité des Personnes qui ont à faire à lui le requierent.

Cet Article fera voir à la Postérité un Témoignage de mon Ingénuité, puis qu'il prescrit ce qui ne m'a pas été possible d'observer de tout point.

J'ai toûjours vêcu civilement avec ceux qui ont eu à traiter avec moi; La nature des Affaires qui oblige à refuser beaucoup de gens, ne permet pas qu'on les traite mal de visage ou de paroles, quand on ne les peut contenter par effets; mais ma mauvaise Santé n'a pas pû souffrir que j'aye donné accez à tout le Monde, comme je l'eusse désiré, ce qui m'a souvent donné tant de déplaisir, que cette Considération m'a quelquefois fait penser à ma Retraitte.

Cependant je puis dire avec vérité avoir tellement ménagé la foiblesse de mes Forces, que si je n'ai pû correspondre au désir de tout le Monde; elles n'ont jamais pû m'empêcher de satisfaire à mon devoir à l'égard de l'Etat.

Enfin l'Application, le Courage, la Probité, & la Capacité font la perfection du Conseiller d'Etat, & le concours de toutes ces Qualitez doit se rencontrer en sa Personne.

Tel peut être Homme de Bien, qui n'ayant pas de Talent aux Affaires d'Etat, y feroit tout-à-fait inutile, & occuperoit des Charges qu'il ne rempliroit pas.

Tel pourroit être Capable & avoir la Probité requise, qui pour n'avoir pas assez de Cœur pour soûtenir les diverses choses qu'il est impossible d'éviter au Gouvernement d'un Etat, y seroit Préjudiciable au lieu d'y être Utile.

Tel pourroit encore être bien Intentionné, Capable & Courageux tout ensemble, dont la Paresse ne laisseroit pas d'être Ruïneuse au Public, s'il ne s'appliquoit pas aux Fonctions de son Emploi.

Tel peut avoir bonne Conscience, être Capable, Courageux, & Appliqué à son Emploi, mais pour l'être plus en l'Objet de ce qui le touche, que de ce qui concerne les Intérêts Publics, bien qu'il serve souvent utilement; il ne laisse pas d'être beaucoup à craindre.

De la Capacité & de la Probité naît un si parfait Accord entre l'Entendement & la Volonté; qu'ainsi que l'Entendement sçait choisir les meilleurs objets & les moyens les plus convenables

bles pour en acquérir la possession ; la Volonté sçait aussi les embrasser avec tant d'ardeur qu'elle n'oublie rien de ce qu'elle peut pour parvenir aux Fins que l'Entendement s'est proposé.

De la Probité & du Courage naît une honnête hardiesse de dire aux Rois ce qui leur est utile , bien qu'il ne leur soit pas à tous agréable.

Je dis honnête hardiesse , parce que si elle n'est bien réglée , & toûjours respectueuse , au lieu de pouvoir être mise au rang des perfections du Conseiller d'Etat ; elle seroit un de ses vices.

Il faut parler aux Rois avec des paroles de Soye. Comme il est de l'obligation du fidéle Conseiller de les avertir en particulier de leurs Défauts avec adresse , il ne sçauroit les leur représenter publiquement sans commettre une notable faute.

Parler hautement de ce qu'on doit dire à l'oreille est un reproche qui même se peut rendre criminel en la bouche de celui dont il sort , s'il publie les Imperfections de son Prince pour en tirer avantage , désirant plûtôt par une vaine ostentation , de faire voir qu'il les improuve , qu'une envie sincére de les corriger.

Du Courage & de l'Application naît une

une si grande fermeté aux Desseins choisis par l'Entendement, & embrassé par la Volonté qu'on les poursuit avec constance, sans être sujet au changement que produit souvent la légéreté des François.

Je n'ai point parlé de la Force & de la Santé du Corps nécessaire au Ministre d'Etat, parce qu'encore que ce soit un grand bien, quand elle se rencontre avec toutes les qualités d'Esprit spécifiées cy-dessus; elle n'est pas toutefois si nécessaire; que sans elle les Conseillers ne puissent faire leurs Fonctions.

Il y a beaucoup d'Emplois dans l'Etat, où elle est absolument réquise, parce qu'il y faut agir, non seulement de l'Esprit, mais de la Main & du Corps, se transportant en divers Lieux; ce qui souvent doit être fait avec Promptitude; Mais celui qui tient le Timon de l'Etat, & n'a autre Soin que la Direction des Affaires, n'a pas besoin de cette Qualité.

Ainsi que le Mouvement du Ciel n'a besoin que de l'Intelligence qui le meut, ainsi la Force d'Esprit est seule suffisante pour conduire un Etat, & celle des Bras & des Jambes n'est pas nécessaire pour remuer tout le Monde.

Ainsi que celui qui gouverne un Vaisseau

ſeau n'a autre Action que de l'Oeïl, pour voir la Bouſſole ; en ſuite de quoi il ordonne qu'on tourne le Timon, comme il eſtime à propos; ainſi en la Conduite de l'Etat, rien n'eſt requis que l'Opération de l'Eſprit, qui voit & ordonne tout enſemble ce qu'il juge dévoir être fait.

S'il eſt vray que le Soleil, qui échauffe tout, ne ſoit pas chaud en lui-même, il eſt clair, que pour faire agir corporellement tout le Monde, l'Action du Corps n'eſt pas requiſe.

J'avouë cependant, que j'ai ſouvent déſiré d'être hors du Gouvernement de l'Etat pour ma mauvaiſe Santé, dont la Ligne a été ſi courte, qu'il m'a preſque été impoſſible de n'en pas excéder ſouvent la Méſure.

Enfin aprez avoir longues Années ſervi V. M. dans les plus épineuſes Affaires qui ſe puiſſent rencontrer dans un Etat, je puis confirmer par Expérience, ce que la Raiſon enſeigne à tout le Monde; que c'eſt la Tête, & non les Bras, qui gouverne & conduit les Etats.

SECTION VI.

Qui représente quel doit être le Nombre des Conseillers d'Etat, & qu'entre eux il doit y en avoir un, qui ait l'Autorité Supérieure.

APRES avoir examiné & reconnu les Qualitez nécessaires à ceux qui doivent être employez au Ministére d'Etat, je ne puis que je ne remarque, qu'ainsi que la pluralité des Medecins, cause quelquesfois la Mort du Malade, au lieu d'aider sa Guerison; ainsi l'Etat recevra-t-il plûtôt du Préjudice que de l'Avantage, si les Conseillers sont en grand Nombre; J'ajoûte, qu'il n'en peut avec Fruit avoir plus de quatre, & qu'encore faut-il qu'entr'eux il y en ait un, qui ait l'Autorité Supérieure, & qui soit comme le premier Mobile, qui meut tous les autres Cieux, sans être meû que de son Intelligence.

J'ai peine à me resoudre à mettre en avant cette Proposition, parce qu'il semblera que j'y veuille soûtenir ma Cause; Mais considérant qu'il me seroit aisé de le prouver par plusieurs Autoritez de l'Ecriture, des Péres, & des Politiques, & que la Confidence

 par-

particuliére dont V. M. m'a toûjours honoré, pendant qu'il lui a plû me donner part à la Conduite des Affaires Publiques, n'a bésoin pour sa défense d'autre Principe, que de celui qui a été nécessaire pour son Etablissement, c'est à dire de sa Volonté, qui passera dans l'Esprit de la Postérité, pour juste Raison de l'Autorité que j'ay toûjours euë dans ses Conseils; Je trouve que je puis parler en ce Sujet sans être suspect, & que je le dois faire pour prouver par Raison, ce que l'Honneur que j'ai toûjours reçû de vôtre Bonté authorisera par Exemple.

L'Envie naturelle, qui se trouve d'ordinaire entre des Puissances égales, est trop connuë de tout le Monde, sans qu'il soit bésoin d'un long Discours, pour faire voir la Vérité de la Proposition, que j'ai mise en avant.

Diverses Expériences m'ont rendu si Sçavant en cette Matiére, que je penserois être Responsable devant Dieu, si ce présent Testament ne portoit pas en Termes exprez, qu'il n'y a rien de plus dangéreux en un Etat, que diverses Autoritez égales en l'Administration des Affaires.

Ce

Ce que l'une entreprend, est traversé par l'autre, & si le plus Homme de Bien n'est pas le plus Habile, quand même ses Propositions seroient les meilleures, elles seroient toûjours éludées par le plus Puissant en Esprit.

Chacun aura ses Sectateurs, qui formeront divers Partis dans l'Etat, & en diviseront les Forces, au lieu de les réünir ensemble.

Ainsi que les Maladies & la Mort des Hommes, ne viennent que des mauvais Accords des Elémens dont ils sont composés ; ainsi est-il certain que la Contrariété, & le peu d'Union, qui se trouve toûjours entre les Puissances égales, altéreront le Répos des Etats, dont elles auront la Conduite, & produiront divers Accidens, qui enfin pourront les perdre.

S'il est vrai que le Gouvernement Monarchique, imite plus celui de DIEU qu'aucun autre ; si tous les Politiques Sacrez & Prophanes, enseignent que ce Genre de Régir, surpasse tous ceux qui ont jamais été mis en Pratique, on peut dire hardiment, que si le Souverain ne peut, ou ne veut pas lui-même avoir continuellement l'Oeil sur sa Carte, & sur sa Boussole, la Raison veut qu'il en donne

 par-

particuliérement la Charge à quelqu'un par dessus tous les autres.

Ainsi que divers Pilotes, ne mettent jamais tous ensemble la main au Timon, aussi n'en faut-il qu'un qui tienne celui de l'Etat.

Il peut bien recevoir les Avis des autres, il doit même quelques-fois les récherches; mais c'est à lui d'en examiner la Bonté, & de tourner la main d'un côté, ou d'autre, selon qu'il estime plus à propos, pour éviter la Tempête & faire sa Route.

Le tout est de faire un bon Choix en cette occasion, & ne s'y tromper pas.

Il n'y a rien de si aisé, que de trouver un premier Mobile, qui meuve tout sans être meû d'aucune Autorité Supérieure, que de celle de son Maître; mais il n'y a rien de si difficile que d'en rencontrer un, qui meuve bien, sans pouvoir être meû par aucune Considération, qui puisse dérégler son Mouvement.

Toute Personne s'estimera, par son propre Sens, Capable de cette Fonction; mais aucun ne pouvant être Juge en sa Cause, le Jugement d'un Fait si Important, doit dépendre de ceux qui n'ont point d'Intérêt, qui leur puisse bander les Yeux.

Tel

Tel ne sera pas Capable d'être meû par les Pratiques & les Présens des Ennemis de l'Etat, qui pourra l'être par leurs Artifices.

Tel sera Capable d'être meû par des Intérêts, qui ne seroient pas Criminels, & qui cependant ne laisseroient pas de porter grand Préjudice à l'Etat.

Il s'en trouve souvent, qui mourroient plûtôt que de faire Faux bond à leur Conscience, qui cependant ne seroient pas utiles au Public, parce qu'ils sont capables de se laisser aller aux Importunitez, & aux Tendresses, qu'ils ont pour ceux qu'ils aiment.

Tel qui est incapable d'étre meû par quelque Intérét que ce puisse étre, pourra l'étre par Crainte, par Etonnement & par Terreur panique.

Je sçais bien, que la Capacité, la Probité, le Courage, & en un mot les Qualitez que nous avons attribuées aux Conseillers d'Etat, peuvent remédier à tels Inconvéniens; mais à dire le vray, comme le Ministre de qui nous parlons, doit être par dessus tous les autres, aussi faut-il qu'il aye toutes ces Qualitez en éminence; & par consequent il faut l'examiner soigneusement, auparavant qu'en arrêter le Choix.

Le Prince doit connoître par lui-même celui qu'il chargera d'un si grand Emploi, & bien que ce Personnage doive étre élu par lui seul; le Choix qu'il en fera doit étre, s'il se peut, accompagné d'une Approbation Publique; car s'il a les Voeux de tout le Monde, il sera plus Capable de faire du Bien.

Ainsi que ceux qui sont les plus Intelligens aux Supputations Astronomiques, ne sçauroient se tromper d'une seule Minute, que les Jugemens qu'ils en font en suite, ne soient sujets à toutes sortes de Faussetez; ainsi est-il vray, que si les Qualitez de celui qui doit gouverner les autres, sont seulement bonnes en apparence, sa Conduite sera trés-mauvaise; & que si elles ne sont que médiocres, son Gouvernement ne sera pas excellent.

Il est aisé de représenter les Qualitez, que doit avoir ce Principal Ministre; mais il est difficile de les trouver toutes en un Sujet.

Cependant il est vray de dire, que le Bonheur, ou le Malheur des Etats, dépend de l'Election qui en sera faite; ce qui oblige étroitement les Souvérains, ou à prendre eux-mémes le Soin, dont le Poids de leur Couronne les charge;

ou

ou à si bien choisir celui sur lequel ils voudront s'en décharger, que leur Opinion soit approuvée du Ciel, & de la Terre.

SECTION VII.

Qui représente quel doit être le Roy envers ses Conseillers.

VÔTRE MAJESTE' ayant ainsi choisi ses Conseillers, c'est à Elle à les mettre en état, qu'ils puissent travailler à la Grandeur & à la Félicité de son Royaume.

Quatre Choses principales sont réquises à cette Fin: La premiére, que V. M. ait Confiance en eux, & qu'ils le sçachent, ce qui est absolument nécessaire, parce qu'autrement les meilleurs Conseillers pourroient étre Suspects aux Princes; & que si les Ministres n'étoient asseurez que leur Sincérité est connuë, ils se retiendroient en beaucoup d'occasions, où leur Silence ne seroit pas peu Préjudiciable.

C'est un Dire commun, qu'un Médecin, qui agrée au Malade, & qui est aimé de lui, profitera davantage: & c'est chose certaine, qu'il n'y en a point qui pût travailler hardiment à la Guerison d'un Malade, s'il sçavoit qu'il se messiât de lui.

 La

La seconde est, qu'il leur commande de lui parler librement, & les asseure qu'ils le peuvent faire sans Peril.

Cette Condition est absolument nécessaire, non seulement pour certains Esprits froids & timides, qui ont besoin d'étre enhardis; mais pour ceux qui n'étant pas Craintifs de leur Nature, employent d'autant plus utilement leur Zéle à l'Avantage du Public, qu'ils croient que leur Hardiesse, ne sçauroit leur étre Préjudiciable.

Le Soldat, qui tire à couvert une Mousquetade, est bien plus asseuré que celui qui sçait qu'en tirant, il peut étre tiré; & en effet, il se trouveroit peu de Particuliers, qui voulussent s'exposer à leur Perte, pour faire du Bien au Public.

Il est vray qu'un Homme de Bien, ne doit pas considérer son Intérêt, lors qu'il est question de ceux du Public, & que le plus haut Point de Fidélité, qu'on puisse désirer à un bon Serviteur, est de dire ingénuëment ce qu'il sçait être utile à son Maître, sans crainte d'encourir la Haine de ceux qui sont les plus Puissans auprez de lui, ni de lui déplaire à lui-même; mais il y en a peu d'assez Zélez pour vouloir courre une telle Risque.

La

La troisiéme, qu'il les traite liberalement, & qu'ils croient, que leurs Services ne demeureront pas sans Recompense.

Ce qui est d'autant plus nécessaire, qu'il se trouve peu de Gens qui aiment la Vertu toute nuë, & que le vrai moyen d'empêcher qu'un Serviteur ne pense trop à ses Intérêts, est de pratiquer le Conseil de cet Empéreur, qui recommande à son Fils, d'avoir grand Soin des Affaires de ceux qui feront bien les siennes.

Jamais Homme de Bien, ne pense à s'enrichir aux Dépens du Public, en le servant; Mais comme ce seroit un Crime d'avoir telle Pensée, rien n'est plus honteux à un Prince, que de voir ceux qui ont vieilli en le servant, chargez d'Années, de Mérite, & de Pauvreté tout ensemble.

La quatriéme est, qu'il les autorise & les maintienne si ouvertement, qu'ils soient asseurez qu'ils n'ont, ni à redouter les Artifices, ni à craindre la force de ceux qui les voudroient perdre.

L'Intérêt du Prince l'oblige à en user ainsi, puis qu'il n'y a point d'Homme qui puisse servir utilement le Public, sans s'attirer la Haine & l'Envie de tout le Monde, & qu'il s'en trou-

 veroit

veroit peu d'assez Vertueux pour bien faire, s'ils pensoient en recevoir du Mal.

Il n'y a point de Place au Monde, qui pour forte qu'elle soit en elle-même, puisse se garantir d'être emportée à la longue, si elle ne deffend ses Dehors avec soin.

Il est de même des plus grands Rois qui ne sçauroient conserver leur Autorité en leur entier, s'ils n'ont un soin extraordinaire de la soûtenir dans les moindres de leurs Officiers, proches ou éloignez de leurs Personnes, qui sont des Piéces de dehors que l'on attaque les premiéres. La prise desquelles donne la hardiesse de faire effort contre celles de dedans, bien qu'elles semblent Imprénables, comme Sacrées & Attachées à la propre Personne des Rois.

Il y a peu de Personnes qui ozent attaquer de force ceux qu'un Prince aura choisis pour le Servir, parce qu'il n'y en a point qui ne reconnoissent que leur Puissance ne peut être égale à celle d'un Souverain, qui a trop d'Intérêt à protéger ses Serviteurs, pour y manquer à son préjudice, mais il s'en trouve toûjours qui essayent à les ruiner par Artifices & mauvais Moyens difficiles à découvrir.

On

On se gouverne d'ordinaire si finement en telles occasions, que pour peu d'espérance qu'on voye en tels Desseins, il les faut tenir pour asseurez, non pas pour faire mal à ceux qu'on juge coûpables avant qu'ils soient convaincus; mais pour les prévenir avec Prudence.

L'Artifice des Hommes fait qu'ils se déguisent en cent façons pour venir à leurs Fins; Tel parle ouvertement sous prétexte de ne pouvoir se taire sans Crime; mais il s'en trouve peu de ce genre; Tel feint d'être Ami de ceux qu'il veut perdre, tel fait parler Autrui, & se reserve seulement, pour appuyer les mauvais Offices qu'on aura commencez; Enfin il y a tant de voyes pour faire Mal en ce genre; qu'un Prince ne sçauroit être trop sur ses Gardes, pour se garantir de Surprises en un Fait si Important.

Pour peu qu'on lui parle en cachette contre le Gouvernement de son Etat, sous quelque prétexte qu'on puisse prendre, il doit tenir pour asseuré que c'est pour le Ruïner & pour le Perdre.

Il est de ceux qui en usent ainsi comme des Malades, qui ont des Fiévres d'autant plus malignes que le Feu en paroît petit au dehors, quand l'Embrazement est plus grand au dedans.

Il faut aller au devant de tels Maux, & n'attendre pas qu'on en ait une entiére Connoissance, parce que souvent on ne la peut avoir que par l'Evénément, & l'Effet du Dessein mauvais qu'on a projetté.

Ceux qui font telles Entreprises, sçavent fort bien le Péril auquel ils s'exposent pour les commencer sans Dessein de les achever. En telles occasions on va d'abord en pas de Plomb & de Laine tout ensemble; Mais aprés, la nature de telles Affaires oblige à doubler le pas, & à courir de peur d'être surpris en chemin.

On imite en cela la pierre poussée du haut d'une Montagne, son premier mouvement est lent; & plus elle descend, plus prend elle de poids, & redouble la vitesse de sa chûte. Et tout de même qu'il faut plus de force pour l'arrêter au plus fort de sa course qu'au commencement; Aussi est-il trés-difficile d'arrêter une Conspiration, qui n'ayant pas été étouffée dans sa naissance, est déja dans son accroissement.

Plus une Place est importante, plus l'Ennemi tâche-t-il d'en seduire le Gouver-

ver-

verneur; Plus une Femme est Belle, plus trouve-t-elle de gens qui tâchent d'avoir ses bonnes graces; Aussi plus un Ministre est utile à son Maître & puissant en son Esprit & en sa grace, plus y-a-t-il de Personnes qui l'envient, qui désirent sa Place, & essayent de l'en faire déchoir pour l'occuper.

Entre les Gouverneurs Fidéles, ceux-là sont les plus estimez, qui ne resistent pas seulement aux Propositions qui leur sont faites contre leur Devoir, mais qui refusent de les écouter, & qui d'abord ferment la bouche à ceux qui les veulent tenter par telles voyes.

Entre les Femmes Chastes celles qui n'ont point d'oreilles pour oüir les mauvais Discours qu'on leur veut faire pour ébranler leur pureté, sont par le jugement de tous les Sages, préférées à celles qui les ouvrent, lors mêmes qu'elles ferment le cœur.

Ainsi entre les Maîtres qui ont des Serviteurs de Fidélité si éprouvée en diverses & si Importantes occasions, qu'ils n'en peuvent douter avec raison; Ceux là sont les plus Sages qui ferment la bouche à ceux qui en veulent mal parler.

Quelque Vertu qu'il y ait à rejetter une Ten-

Tentation ; les Princes & les Maris sont estimez trop Indulgens, qui permettent à leurs Gouverneurs, & à leurs Femmes d'écouter la chose à quoi ils ne veulent pas qu'ils adherent, & à laquelle ils ne peuvent consentir sans crime ; & les Maîtres doivent se condamner eux-mêmes, s'ils prêtent l'oreille à ce qu'on leur veut dire contre ceux, dont la fidélité est irréprochable. La Raison primitive de cette Décision, consiste en ce qu'ainsi que s'exposer hardiment en un péril & en une occasion juste & utile, est une action de vaillance ; faire le même sans sujet & sans raison, est une action de témérité ; & c'est en ce sens qu'il a été dit avec grande Raison, que quiconque ouvre les oreilles aux Calomnies, mérite d'en être trompé.

Peut-être me dira-t-on, qu'il y a grande différence entre le devoir du Gouverneur, de la Femme & du Prince, au fait qui est représenté : qu'il est vrai que le Gouverneur & la Femme font beaucoup mieux de n'écouter pas, parce qu'ils ne peuvent en aucun cas consentir à ce que l'on leur veut dire ; mais que ce n'est pas de même du Prince qui doit avoir les oreilles ouvertes, puis qu'on lui peut dire des choses véritables,

tables, & si Importantes qu'il sera obligé d'y pourvoir.

A cela je répons premiérement, qu'en ne parlant seulement que des Serviteurs dont la Fidélité est irreprochable, & la Conduite éprouvée en diverses occasions, si importantes qu'il ne s'en puisse trouver, qui le soient davantage; la différence sera si petite en la comparaison mise en avant, qu'elle doit par Raison être tenuë pour nulle, la régle des choses Morales obligeant à ne compter pour rien, ce qui est de légére conséquence.

J'ajoûte en second lieu, que quand il pourroit arriver quelque Inconvénient de fermer les oreilles à ce qu'on voudra dire contre un Serviteur de Fidélité éprouvée; il est si peu considérable au respect de ceux qui sont inévitables, si on les ouvre contre des Personnes de cette Qualité, que je puis dire absolument que le Gouverneur, la Femme, & le Prince les doivent avoir également fermées aux occasions représentées ci-dessus.

Il n'y a pas lieu de présumer que celui qui a été Fidéle toute sa vie, devienne Infidéle en un Instant, sans sujet & sans raison, principalement si tous les Intérêts de sa Fortune

sont

sont attachez à celle de son Maître.

Un mal qui ne peut arriver que rarement doit être présumé n'arriver point, principalement si pour l'éviter, on s'expose à beaucoup d'autres qui sont inévitables, & de plus grande conséquence, ce qui se trouve au fait dont il s'agit : étant certain qu'il est presque impossible qu'un Prince puisse conserver ses plus Fidéles & plus assurez Serviteurs, si sous prétexte de ne fermer pas ses oreilles à la verité, il les ouvre à la malice des Hommes ; Outre qu'il est constant qu'il perdra beaucoup davantage, s'il en perd un de cette qualité ; Que si faute d'écouter, il tolére en quelqu'un les Défauts qui ne peuvent être de grande conséquence, s'il l'éprouve Fidéle aux plus importantes occasions qui se puissent trouver.

Si celui qui donne volontairement entrée aux Assassins qui tuënt un homme ; est coupable de sa mort, celui qui reçoit toutes sortes de soupçons & de calomnies qui intéressent la Fidélité d'un de ses Serviteurs, sans s'en bien éclaircir, est responsable devant Dieu d'un tel Procédé.

Les meilleures Actions sont mauvaises à deux sortes d'Esprits, aux Malins qui

qui imputent tout à mal par l'excez de leur malice, & à ceux qui sont sujets aux soupçons, qui expliquent tout mal par leur Foiblesse.

Il n'y a point d'Homme au Monde, qui pour Vertueux qu'il soit, passe pour Innocent dans l'Esprit d'un Maître, qui n'examinant pas les choses par Soi-même, ouvriroit les oreilles aux Calomnies.

Comme il n'y a que deux voyes à resister au vice, ou celle de la fuite, ou celle du combat; il n'y en a aussi que deux pour resister à l'impression que font les Calomnies; l'une consiste à les rejetter tout-à-fait, sans les entendre; l'autre, à examiner si soigneusement ce qui est rapporté, qu'on en avére la Verité ou le Mensonge.

Pour éviter tous Inconvéniens, se garentir des Artifices dont les méchans Esprits se peuvent servir pour perdre les plus Gens de Bien, & ne se priver pas des moyens de découvrir les mauvais Déportemens de ceux qui servent mal; le Prince doit tenir pour Calomnies tout ce qu'on lui veut dire à l'oreille seulement. Et en cette considération refuser de l'entendre; & si quelqu'un veut soûtenir en presence de ceux qu'il accuse, ce qu'il veut mettre en avant

avant contre eux, alors on le peut écouter ainsi, à condition d'une bonne Recompense, s'il dit quelque chose importante au Public qui se trouve veritable; & d'une grande Punition si son Accusation est fausse, ou non considérable & importante, quand même elle seroit vraye.

J'ai toûjours supplié V. M. d'en user ainsi à mon égard, afin de donner autant de liberté à ceux qui voudroient censurer mes Actions, de le pouvoir faire, comme Elle m'en donneroit par ce moyen de les défendre.

Je puis dire avec verité que V. M. n'a jamais eû aucun Dégoût de ma Conduite, que lors qu'Elle n'a pas pratiqué ce Conseil, d'autant plus recevable, qu'il ne peut être qu'innocent.

Fin de la premiére Partie.

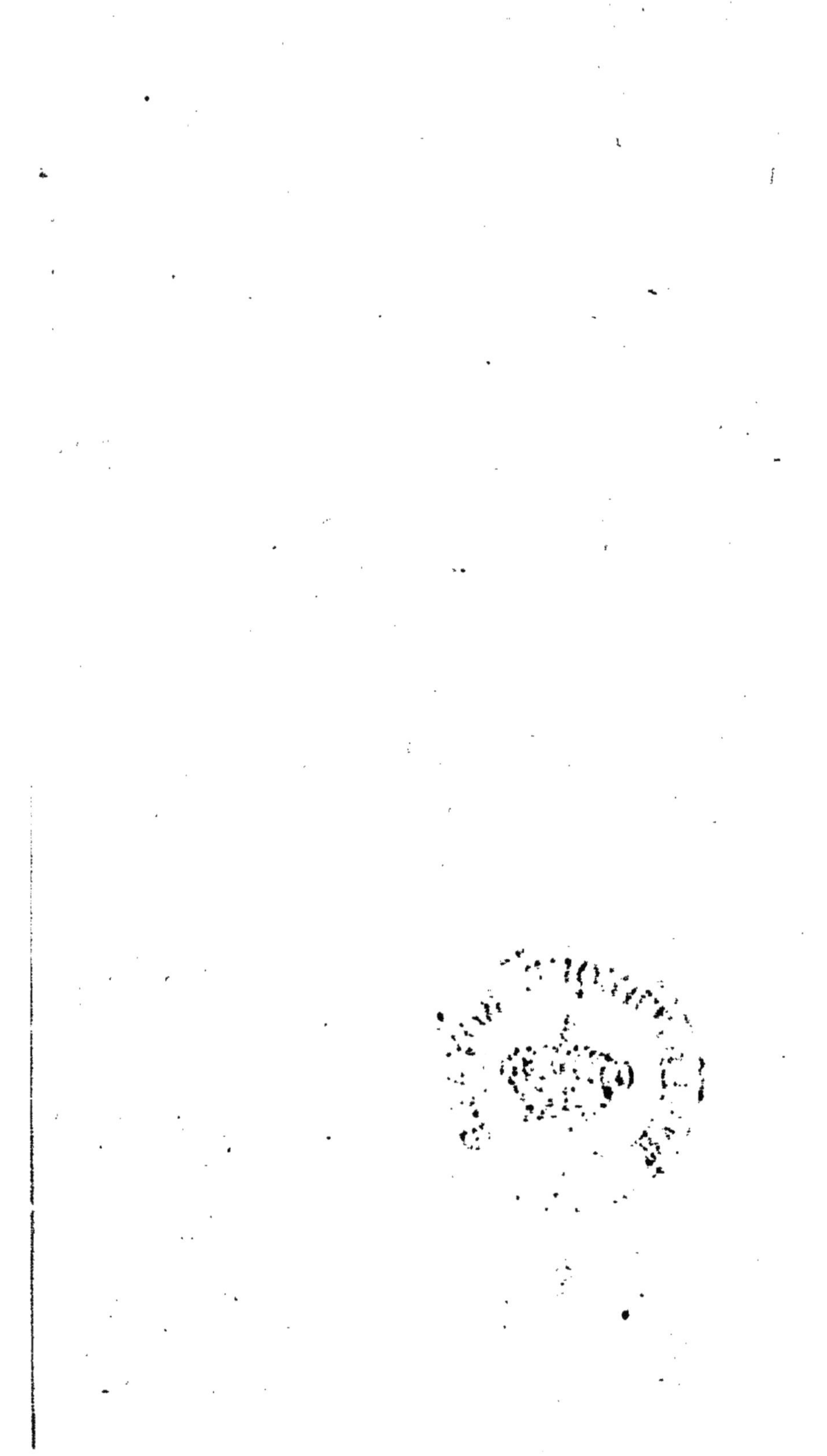

www.ingramcontent.com/pod-product-compliance
Ingram Content Group UK Ltd.
Pitfield, Milton Keynes, MK11 3LW, UK
UKHW020203250726
13967UKWH00003B/1240

9 782012 931381